Kohlhammer

Die Autorin

Dr. rer. nat. Nicole Schuster, Medizinjournalistin und Apothekerin, klärt über das Autismus-Spektrum auf und setzt sich für ein vorurteilfreies Miteinander ein.

Nicole Schuster

Schüler im Autismus-Spektrum

Eine Innen- und Außenansicht
mit praktischen Tipps für
Lehrer, Psychologen und Eltern

Mit Geleitworten von
Sven Bölte und Rüdiger Kißgen

6., aktualisierte Auflage

Verlag W. Kohlhammer

Dieses Werk einschließlich aller seiner Teile ist urheberrechtlich geschützt. Jede Verwendung außerhalb der engen Grenzen des Urheberrechts ist ohne Zustimmung des Verlags unzulässig und strafbar. Das gilt insbesondere für Vervielfältigungen, Übersetzungen, Mikroverfilmungen und für die Einspeicherung und Verarbeitung in elektronischen Systemen.

Pharmakologische Daten, d. h. u. a. Angaben von Medikamenten, ihren Dosierungen und Applikationen, verändern sich fortlaufend durch klinische Erfahrung, pharmakologische Forschung und Änderung von Produktionsverfahren. Verlag und Autoren haben große Sorgfalt darauf gelegt, dass alle in diesem Buch gemachten Angaben dem derzeitigen Wissensstand entsprechen. Da jedoch die Medizin als Wissenschaft ständig im Fluss ist, da menschliche Irrtümer und Druckfehler nie völlig auszuschließen sind, können Verlag und Autoren hierfür jedoch keine Gewähr und Haftung übernehmen. Jeder Benutzer ist daher dringend angehalten, die gemachten Angaben, insbesondere in Hinsicht auf Arzneimittelnamen, enthaltene Wirkstoffe, spezifische Anwendungsbereiche und Dosierungen anhand des Medikamentenbeipackzettels und der entsprechenden Fachinformationen zu überprüfen und in eigener Verantwortung im Bereich der Patientenversorgung zu handeln. Aufgrund der Auswahl häufig angewendeter Arzneimittel besteht kein Anspruch auf Vollständigkeit.

Die Wiedergabe von Warenbezeichnungen, Handelsnamen und sonstigen Kennzeichen in diesem Buch berechtigt nicht zu der Annahme, dass diese von jedermann frei benutzt werden dürfen. Vielmehr kann es sich auch dann um eingetragene Warenzeichen oder sonstige geschützte Kennzeichen handeln, wenn sie nicht eigens als solche gekennzeichnet sind.

Es konnten nicht alle Rechtsinhaber von Abbildungen ermittelt werden. Sollte dem Verlag gegenüber der Nachweis der Rechtsinhaberschaft geführt werden, wird das branchenübliche Honorar nachträglich gezahlt.

Dieses Werk enthält Hinweise/Links zu externen Websites Dritter, auf deren Inhalt der Verlag keinen Einfluss hat und die der Haftung der jeweiligen Seitenanbieter oder -betreiber unterliegen. Zum Zeitpunkt der Verlinkung wurden die externen Websites auf mögliche Rechtsverstöße überprüft und dabei keine Rechtsverletzung festgestellt. Ohne konkrete Hinweise auf eine solche Rechtsverletzung ist eine permanente inhaltliche Kontrolle der verlinkten Seiten nicht zumutbar. Sollten jedoch Rechtsverletzungen bekannt werden, werden die betroffenen externen Links soweit möglich unverzüglich entfernt.

6., aktualisierte Auflage 2024

Die 1. bis 5. Auflage dieses Werkes erschienen unter dem Buchtitel »Schüler mit Autismus-Spektrum-Störungen«.

Alle Rechte vorbehalten
© W. Kohlhammer GmbH, Stuttgart
Gesamtherstellung: W. Kohlhammer GmbH, Stuttgart

Umschlagabbildung und Illustrationen im Buch von Daphne Großmann

Print:
ISBN 978-3-17-044147-7

E-Book-Formate:
pdf: ISBN 978-3-17-044148-4
epub: ISBN 978-3-17-044149-1

Zum Geleit

Geleitwort zur 1. Auflage

von Sven Bölte

Nach »Ein guter Tag ist ein Tag mit Wirsing«, »… bis ich gelernt habe, einen Kussmund zu formen« und »Colines Welt hat tausend Rätsel« erscheint mit dem vorliegenden Werk ein weiteres wertvolles und anschauliches Buch von Nicole Schuster zum Phänomen Autismus. *Schüler mit Autismus-Spektrum-Störungen: Eine Innen- und Außenansicht* ist ein gleichermaßen engagierter wie praktischer Leitfaden für hilfreichen Umgang mit autistischen Menschen im schulischen Milieu. Erreichen möchte das Buch sowohl eine bessere und breitere Unterstützung der Entwicklung autistischer Menschen als auch ein harmonischeres Klassenleben für alle Beteiligten insgesamt. Auch wenn der Fokus des Buches auf dem schulischen Bereich liegt und insbesondere Lehrkräfte ansprechen möchte, können viele Inhalte einen deutlich weiteren Geltungsbereich beanspruchen, sodass ich die Lektüre auch Angehörigen, Experten und dem allgemein interessierten Leser ausdrücklich ans Herz legen kann.

Autismus kann mit schwerwiegenden Problemen der Alltagsbewältigung in allen Lebensbereichen einhergehen. Schule ist ein besonders wegweisender Lebensbereich und für Kinder oft der erste Schritt in den Ernst des Lebens. Leider ist für nicht wenige autistische Menschen der Schulbesuch eine Qual. Unter günstigen Bedingungen kann Schule aber auch als bereichernd erlebt werden und zur langfristig positiven Persönlichkeitsentwicklung beitragen. Auf Seiten der Lehrkräfte kommt es ebenfalls vor, dass autistische Schüler sowohl als belastend für den Unterricht erlebt als auch ihre Andersartigkeit und damit auch verbundenen Stärken geschätzt werden. Ich denke, die Verbreitung und Wirkung des vorliegenden Werkes kann wesentlich dazu beitragen, dass Schule für autistische Schüler ein positiv besetzter Ort wird und Lehrer ihren pädagogischen Auftrag mit autistischen Kindern gerne und effektiv durchführen.

Tobias ist der Protagonist des Buches, ein prototypischer autistischer Junge mit entsprechenden Schulproblemen. Er hat soziale Schwierigkeiten und solche der Sprache und Kommunikation, Wahrnehmung, Aufmerksamkeit und Motorik. Er spielt nicht im eigentlichen Sinn, hat eingeschränkte Interessen, stereotypes Verhalten, ist unruhig und reagiert des Öfteren aggressiv, laut und unbeherrscht. Tobias' Verhalten stellt besondere Anforderungen an die Lehrkräfte. Aber was wissen Lehrer über Autismus? Was soll man tun, wenn er unkonzentriert, unmotiviert oder desinteressiert wirkt, den Unterricht und andere Kinder stört, aber auch gehänselt und gemobbt wird? Welche Art von Schule soll Tobias überhaupt besuchen: Regelschule, Förderschule? Macht ein Schulhelfer Sinn? Was macht autistischen Menschen in der Schule Kummer? Welche konkreten schulischen Momente bergen Zündstoff? Welche Schulfächer liegen Autisten, welche nicht? Was tun bei zusätzlicher Depression und Ängsten? Diese und viele andere Inhalte deckt das Buch ab und gibt vergleichbar einfach umsetzbare, effiziente Tipps: Sitzordnung gut verwalten, Pausen sinnvoll gestalten, Veränderungen transparent einführen, Klassenausflüge bewusst organisieren, Regeln stringent vermitteln, sozial schrittweise eingliedern, Aufforderungen verständlich setzen, Verständnisschwierigkeiten vermeiden, Klassengröße überdenken, visuelles Denken berücksichtigen, für Zeitmanagement kompensieren u. v. m.

Vieles am vorliegenden Buch überzeugt mich persönlich und als langjährig im Bereich Autismus tätigen Forscher und Kliniker. Zum Beispiel die Sachkenntnis und Bescheidenheit der Autorin. Ihre sachliche, nüchterne, unparteiische Art zu beschreiben, was autistische Menschen und sie Umgebende zum gegenseitigen Gewinn anstreben sollten. Ihre Fähigkeit zu »übersetzen«, was für autistische und nicht-autistische Menschen das jeweilige Handeln der anderen bedeutet, sodass es transparent und verstehbar wird. Ganz besonders aber das Prinzip »Vertrauensvorschuss«, welches Frau Schuster ihren Ausführungen zugrunde legt. Ihre eigene Biografie hat sie gelehrt, dass es für autistische Menschen immer Sinn macht, zu versuchen, sich nach ihren besten Möglichkeiten in die Gesellschaft zu integrieren, da sie dort letztlich irgendwann funktionieren müssen. Dafür bedarf es Mut und Anstrengungen autistischer Menschen und des Vertrauens anderer. Eltern und Bezugspersonen sollten nicht aus Sorge um jeden Preis versuchen, autistische Menschen in einem goldenen Käfig zu halten und bedingungslos zu schützen. Auch Mitleid der Umwelt ist fehl am Platz, dagegen sind Verständnis und Unterstützung zielführend. Ich schätze diese Grundhaltung des Buches im Sinne des Förderns und Forderns, besonders, weil sie von einer Person geäußert wird, welche die mit autistischem Verhalten einhergehenden Probleme exemplarisch gemeistert hat.

Schüler mit Autismus-Spektrum-Störungen: Eine Innen- und Außenansicht ist ein einprägsames Buch von hohem Aufforderungscharakter. Ich kann daher abschließend nur viele Leser und Auflagen wünschen.

Mannheim, im August 2009
Prof. Dr. Sven Bölte
Vorsitzender der Wissenschaftlichen Gesellschaft Autismus-Spektrum

Geleitwort zur 1. Auflage

von Rüdiger Kißgen

Menschen mit einer Störung des autistischen Spektrums sind nur dann miteinander vergleichbar, wenn man die Klassifikationskriterien der Internationalen Klassifikation psychischer Störungen (ICD-10) der Weltgesundheitsorganisation für die Tiefgreifenden Entwicklungsstörungen zugrunde legt. Für die dort u. a. vorfindbaren Diagnosen des Frühkindlichen Autismus und des Asperger-Syndroms gelten zum einen bestimmte Besonderheiten. Zum anderen aber verbindet Menschen mit diesen Diagnosen die Beeinträchtigung in sozialen Interaktionen, ihre Beeinträchtigung in Kommunikationsmustern sowie ein mehr oder weniger stark eingeschränktes, zuweilen stereotypes, sich wiederholendes Repertoire von Interessen und Aktivitäten. Eine solch kategoriale Betrachtung autistischer Menschen ist aber insofern nicht unproblematisch, als sich autistische Menschen in der Realität natürlich erheblich voneinander unterscheiden. Autismus ist ein heterogenes, hoch individuelles Phänomen, bei dem sich – abgesehen von dem gesicherten Wissen um die genetische Verursachung des Syndroms – wenig verallgemeinern lässt. So gibt es nicht den einen autismusspezifischen Therapieansatz, eine immer wieder vorfindbare spezifische Symptomatik, den klassischen Entwicklungsweg eines autistischen Menschen, die typische Familienkonstellation oder ein vergleichbares Intelligenzprofil. All dies muss bei der Begegnung mit einem autistischen Menschen individuell erschlossen werden. Dies trifft auch zu, wenn ein autistisches Kind in die Schule kommt.

Die Ausgangslage für die Beschulung autistischer Kinder ist in Deutschland sehr heterogen. Dies liegt zum einen daran, dass – anders als beispielsweise im angloamerikanischen Sprachraum – kein Angebot an Spezialschulen besteht. Autistische Kinder und Jugendliche besuchen in Deutschland die bestehenden Regel- und Förderschulen. Diese unterliegen aufgrund der föderalistischen Strukturen bundeslandspezifischen Rahmenbedingungen, die mit einem gewissen Spielraum in den verschiedenen Regierungsbezirken umgesetzt werden. Die Schulen selbst entwickeln auf dieser Basis für die einzelnen Unterrichtsfächer ihre didaktischen Konzepte, die dann wiederum von den Lehrpersonen in den Klassen individuell interpretiert und angewendet werden. Das universitär verankerte Lehramtsstudium in Deutschland sieht in den jeweiligen Curricula für die unterschiedlichen Förderschultypen keine Lehrveranstaltungen zum Thema Autismus verpflichtend vor. Dies bedeutet für die Schullaufbahn eines autistischen Kindes, dass eine hohe Wahrscheinlichkeit dafür besteht, immer wieder auf Lehrpersonen zu treffen, die über die Komplexität autistischer Spektrumstörungen und die damit verbundenen individuellen Erfordernisse nicht informiert sind. Berücksichtigt man, dass die Institution Schule die einzige Institution ist, die autistische Kinder und Jugendliche durchlaufen müssen, dann werden unter den aktuellen Voraussetzungen jahrelang Chancen für eine kompetente professionelle Begleitung dieser Kinder und Jugendlichen vertan. Selbst wenn in einem Bundesland oder in einer Kommune die integrative Beschulung autistischer Kinder propagiert wird: Was nutzt dies, wenn

Lehrpersonen oder Schulbegleitungen nicht angemessen über das Störungsbild informiert sind? Natürlich kann ein autistisches Kind mit etwas Glück auf eine Lehrperson treffen, die sich während ihres Studiums mit dem Thema Autismus beschäftigt hat und möglicherweise über Praxiserfahrungen mit betroffenen Kindern und ihren Familien verfügt. Dies aber ist nicht die Regel und rein zufällig bedingt. Wünschenswert wäre es, Informationen zu den Störungen des autistischen Spektrums in die Lehramtsstudiengänge verpflichtend aufzunehmen. Bereits bei nicht-autistischen Kindern kommt es hinsichtlich der schulischen Leistungen darauf an, ein ausgewogenes Maß zwischen einer Unter- und Überforderung zu finden, welches sich motivierend auf die Lernbereitschaft der Kinder auswirkt. Dies ist bei autistischen Kindern nicht anders. Anders als bei nicht-autistischen Kindern sind aber hier die besonderen störungsbedingten Probleme der Kinder sowie die resultierenden besonderen Anforderungen an die schulischen Rahmenbedingungen und die Lehrpersonen zusätzlich zu berücksichtigen.

Nicole Schuster setzt sich in ihrem Buch mit diesem Themenspektrum intensiv auseinander. Die Besonderheit in der Herangehensweise besteht darin, dass die Autorin aufgrund ihrer eigenen Geschichte mit der Diagnose des Asperger-Syndroms in der Lage ist, dem Leser eine Binnenperspektive über das Erleben schulischer Situationen durch autistische Kinder zu eröffnen. Dieser neue Blickwinkel auf die Institution Schule ermöglicht praxisrelevante Einsichten für all jene, die sich für den Lebensweg autistischer Menschen interessieren. Es ist dem Buch zu wünschen, dass es nicht nur im schulischen Kontext eine breite Resonanz findet.

Köln, im September 2009
Prof. Dr. Rüdiger Kißgen
Universität zu Köln, Humanwissenschaftliche Fakultät

Vorwort zur 1. Auflage

> *Das* autistische Kind gibt es nicht. Jedes autistische Kind ist anders. Jedes autistische Kind ist eine neue Herausforderung für die Lehrkraft.

Autismus ist als eine tiefgreifende Entwicklungsstörung definiert. Die komplexen Störungen des Zentralnervensystems, die der Behinderung zugrunde liegen, wirken sich auf kognitive, sprachliche, motorische, emotionale und interaktionale Funktionen aus und führen zu Veränderungen im Bereich der Wahrnehmungsverarbeitung. Symptomatisch steht bei den Betroffenen eine in der Schwere unterschiedlich stark ausgeprägte Beziehungs- und Kommunikationsstörung im Zentrum. Das Verhalten von Autisten besitzt häufig einen repetitiven Charakter.

Bestimmte Merkmale autistischer Menschen finden sich auch in der normalen kindlichen Entwicklung wieder. Allerdings ist es so, dass die Verhaltensweisen bei nicht-autistischen Kindern meistens nur kurzzeitig auftreten und damit nur eine vorübergehende Entwicklungsstufe sind. Bei autistischen Kindern überdauern sie hingegen bis weit über den normalen Zeitpunkt hinaus. Ein Beispiel ist die Echolalie, das Nachsprechen von Wörtern oder Sätzen. Viele kleine Kinder durchlaufen diese Stufe beim Sprechenlernen. Autistische Kinder können hingegen teilweise noch als Neun- oder Zehnjährige durch echolalische Wiedergaben kommunizieren.

Bei Kindern mit Autismus treten typische Entwicklungsschritte der kindlichen Reifung oft erst verzögert auf. Die innere Reife und das Verhalten stehen im Widerspruch zu dem tatsächlichen Alter des Kindes. Es entsteht ein dem Alter nicht angemessenes Verhaltensbild.

In anderen Bereichen können autistische Kinder schon sehr viel weiter als die Gleichaltrigen sein, zum Beispiel wenn es um Faktenwissen oder um logisches Denken geht.

Diese und viele andere Symptome des autistischen Kindes machen es für Lehrkräfte schwierig, sich auf die Kinder einzustellen. In der Schule werden Kinder mit Auffälligkeiten aus dem Autismus-Spektrum entsprechend häufig zu einem Problemfall. Die vielen Fragen und manchmal auch die Hilflosigkeit der Lehrer, die nicht wissen, ob ihre Bemühungen die Kinder überhaupt erreichen, ob sie ihnen gerecht werden oder ob die Schüler einer ganz anderen Förderung – vielleicht auch gar keiner? – bedürfen, erlebe ich oft bei meinen Fortbildungsveranstaltungen für Lehrer. Mit diesem Buch möchte ich aus meiner Sicht Antworten geben – aus der Sicht einer jungen Frau, die ihren Autismus jetzt als weitgehend überwunden betrachtet, aber mit dieser Störung sowohl Schule als auch Studium durchlaufen musste.

Meine Ratschläge sind keine allgemeingültigen Handlungsanweisungen und können auch nicht für die individuellen Probleme eines jeden Kindes gleich gut geeignet sein. Dennoch hoffe ich, den Lesern mit diesem Buch hilfreiche Einblicke in die Innenwelt von Schülern mit Autismus geben zu können.

Holzkirchen, im August 2009
Nicole Schuster

Inhalt

Zum Geleit **5**
    Geleitwort zur 1. Auflage 5
    von Sven Bölte
    Geleitwort zur 1. Auflage 7
    von Rüdiger Kißgen

Vorwort zur 1. Auflage **9**

1 Über Tobias **15**

2 Was ist Autismus? **17**
    2.1 Kurzer historischer Abriss 17
    2.2 Vergleich Asperger- und Kanner-Autismus,
          Begriff »Autismus-Spektrum« 18
    2.3 Wie häufig ist Autismus? 20
    2.4 Erklärungsansätze für das Phänomen »Autismus« 21
    2.5 Autismus – Behinderung oder nicht? 22
    2.6 Probleme in der Sensomotorik 24
          2.6.1 Sensorische Störungen 24
          2.6.2 Motorische Probleme 34
    2.7 Wie macht sich Autismus im Verhalten bemerkbar? 37
          2.7.1 Allgemeines Verhaltensbild 38
          2.7.2 Kommunikationsmittel Sprache 39
          2.7.3 Beziehung zu anderen/Freunden 42
          2.7.4 Umgang mit Gefühlen 47
          2.7.5 Spielverhalten 49
          2.7.6 Spezialinteressen 50
          2.7.7 Unruhe und übermäßige Aktivität 51

3 Gute Rahmenbedingungen schaffen **54**
    3.1 Was wissen Lehrer über Autismus? 54
    3.2 Autismus und Inklusion 56
    3.3 Voraussetzungen für Inklusion in der Schule 57
    3.4 Tipps für Lehrer: Wie kann Inklusion gelingen? 58
    3.5 Nachteilsausgleich: Wann, wie und warum? 59
          3.5.1 Wie sieht ein Nachteilsausgleich aus? 61

		3.5.2	Noch gut oder nur ausreichend? Die Frage nach den Noten	62
	3.6		Allgemeine Probleme und Lösungen	63
		3.6.1	Sitzordnung	63
		3.6.2	Strukturierung der Pausen	64
		3.6.3	Umgang mit Veränderungen	66
		3.6.4	Klassenausflüge und Klassenreisen	68
	3.7		Soziale Probleme	69
		3.7.1	Mangelndes Verständnis für zwischenmenschliche »Spielregeln«	70
		3.7.2	Gestik, Mimik und Co.: Nichts scheint zu passen	72
		3.7.3	Merkwürdiger Blickkontakt	73
		3.7.4	Gewalt	74
		3.7.5	Soziale Eingliederung	75
		3.7.6	Fantasie vs. mangelnde Kreativität	79
		3.7.7	Zwanghafte Gesprächsthemen	79
	3.8		Die Wichtigkeit von Regeln	81
	3.9		Psychische Erkrankungen als Begleitstörungen	82
		3.9.1	Essstörungen	83
		3.9.2	Depressionen	83
		3.9.3	Schlafstörungen	84
		3.9.4	Angststörungen	84
	3.10		Schulbegleiter: Die stille Begleitung	85
	3.11		Probleme, sich zu organisieren	88
	3.12		Schwankende Tagesform	89
4	**Allgemeine Probleme**			**90**
	4.1		Verständnisschwierigkeiten	90
	4.2		Probleme, den Kontext zu erkennen	91
	4.3		Aufforderungen: Keine Reaktion	92
	4.4		Brennpunkt Gruppenarbeit	93
	4.5		Ärger mit der Handschrift	94
	4.6		Der Frust mit den Buchstaben: Lese- und Rechtschreib-Schwäche	95
	4.7		Mündliche Beteiligung	97
	4.8		Zu große Klasse	98
	4.9		Aufmerksamkeitsprobleme	99
	4.10		Visuelles Denken	100
	4.11		Zeitmangel	101
	4.12		Depressive Störungen: Was tue ich, wenn das Kind nicht mehr leben will?	102
	4.13		(Reiz-)Überflutung und »Overload«: Wie reagiere ich?	103
5	**Fachspezifische Probleme**			**105**
	5.1		Mathematik/Naturwissenschaften	105
	5.2		Deutschunterricht	106

	5.3	Fremdsprachen	107
	5.4	Geschichte	108
	5.5	Gesellschaftswissenschaften/Soziologie	108
	5.6	Religion	109
	5.7	Musik	110
	5.8	Sportunterricht	112
	5.9	Befreiung von »ungeeigneten« Unterrichtsfächern?	113
6	**Menschen im Autismus-Spektrum in der Klasse: Eine Herausforderung für alle**		**115**
	6.1	Peinliches Verhalten im Unterricht	115
	6.2	Kein Respekt vor den Lehrkräften	116
	6.3	Startschwierigkeiten	117
	6.4	Die Konzentration geht auf Wanderschaft	118
	6.5	Reaktionen auf Ablenkungen trainieren	119
	6.6	Entspannung zum Ausgleich: Autogenes Training und Co.	120
	6.7	Nicht immer dufte: Autismus und Körperhygiene	122
	6.8	Die Sache mit der Liebe	123
	6.9	Hochbegabung: Auch »Schlaubi« hat Probleme	124
7	**Ausflug in die Arbeitswelt: Das Schülerbetriebspraktikum**		**128**
8	**Häufige Lehrerfragen und Antworten**		**131**
9	**Das Prinzip des Vertrauensvorschusses**		**136**
Literaturempfehlungen: Fachbücher zum Autismus-Spektrum			**139**
Hilfreiche Webseiten			**141**
Tipps für Unterricht und Schule auf einen Blick			**143**

1 Über Tobias

Autistische Menschen teilen bestimmte Gemeinsamkeiten. Das sind vor allem solche, die durch die medizinischen Diagnosekriterien bedingt sind. Daneben gibt es Unmengen an individuellen Unterschieden, die Menschen im Autismus-Spektrum zu einer heterogenen Gruppe machen. Oft überwiegen die Unterschiede sogar die Gemeinsamkeiten. Daher ist es unmöglich, von »dem Autisten« schlechthin zu sprechen. Individuelle Berichte spiegeln immer nur die persönlichen Erfahrungen einer einzelnen Person mit der Krankheit und ihren Symptomen wider.

Um aber in diesem Buch autistische Schüler mit möglichst vielen Eigenschaften darzustellen, die in der Realität kaum eine einzelne Person in sich vereinigen kann, wurde eine fiktive Figur geschaffen. Der Junge mit Autismus-Spektrum-Störung, den wir in diesem Buch begleiten werden, ist »Tobias«. Diese fiktive Tobias ist in der Masse seiner Auffälligkeiten repräsentativ für ganz verschiedene Typen von autistischen Schülern.

Tobias ist 14 Jahre alt, hat als Spezialinteresse Comics, ist überaus wahrnehmungsempfindlich und hat in seiner Klasse keinen einzigen richtigen Freund.

1 Über Tobias

Hier noch zwei Hinweise:

Im Buch wird überwiegend von Menschen im Autismus-Spektrum oder von autistischen Menschen gesprochen. Das Wort »Autist« wird indessen weitgehend gemieden, da es auch als Schimpfwort verwendet wird. Viele Menschen ziehen die Beschreibungen »Mensch im Autismus-Spektrum« oder »Mensch mit Autismus« vor, um zu zeigen, dass der Mensch an erster Stelle steht und der Autismus nur ein Teilaspekt von ihm ist. Andere Menschen hingegen möchten sich selbst als »Autist« bezeichnet sehen, da diese Ausprägung der neurologischen Diversität bestimmend für ihr Leben sei.

Dieses Buch ist im generischen Maskulinum verfasst. Auf ein Gendern wurde verzichtet, um die Lesbarkeit nicht zu beeinträchtigen. Wo nicht ausdrücklich anders bezeichnet, sind bei Personenbezeichnungen alle Geschlechter eingeschlossen.

2 Was ist Autismus?

2.1 Kurzer historischer Abriss

Der schweizerische Psychiater Eugen Bleuler (1857–1939) befasste sich mit der Schizophrenie. 1911 prägte er den Begriff »Autismus«. Bleuler verstand darunter kein eigenständiges Krankheitsbild, sondern schlicht eine der Erscheinungen der Schizophrenie, die er unter »sekundären Symptomen« einordnete. Für ihn drückte sich Autismus in dem egozentrischen und rein auf sich selbst fixierten Denken und Verhalten schizophrener Menschen aus.

Autismus als die Entwicklungsstörung, die wir heute darunter verstehen, wurde in dieser Form erst zur Zeit des Zweiten Weltkriegs beschrieben. Der österreichisch-amerikanische Kinder- und Jugendpsychiater Leo Kanner erwähnte 1938 Kinder, die im Bereich der Wahrnehmung, der Entwicklung sowie des sozialen und kommunikativen Verhaltens Störungen aufwiesen. 1943 diagnostizierte er bei elf Kindern eine »autistische Störung des affektiven Kontakts«. Später wurde dieser Kanner-Autismus auch als frühkindlicher Autismus bezeichnet.

Zu etwa derselben Zeit machte der Wiener Kinderarzt Hans Asperger völlig unabhängig von Kanner die gleiche Entdeckung. Er beschäftigte sich dabei mit Jungen. Im Gegensatz zu den Patienten von Kanner wiesen Aspergers Jungen alle eine entwickelte Sprache auf, die zu einem der Merkmale des sog. Asperger-Syndroms wurde.

Einige Menschen sehen in verschiedenen berühmten, bereits verstorbenen Persönlichkeiten Menschen mit einer Autismus-Spektrum-Störung. Zu diesem Kreis zählen unter anderem Größen wie Albert Einstein, Isaac Newton und Wolfgang Amadeus Mozart. Genies sind unter den autistischen Menschen wie unter allen anderen Menschen jedoch die Ausnahme und nicht die Regel. Wichtig ist zu beachten, dass Autismus Erfolg nicht entgegenstehen muss. Und das wiederum ist eine große Herausforderung an die Schule: Autistische Schüler weisen oftmals große Potenziale auf. Diese zu erkennen und angemessen zu fördern, ist jedoch oft schwer, manchmal sogar unmöglich.

2.2 Vergleich Asperger- und Kanner-Autismus, Begriff »Autismus-Spektrum«

»Er ist ein politischer Autist«, »Der benimmt sich wie ein Autist« – diese und andere zeitweise höchst beliebten Redewendungen zeigen, wie wenig die Gesellschaft als Ganzes vom Autismus weiß. Gleichwohl ist der Begriff »Autist« bei vielen Menschen häufig im Munde.

Das so oft anzutreffende Halb- und Unwissen erklärt sich unter anderem sicherlich daraus, dass die verschiedenen Formen und Diagnosemöglichkeiten für eine sog. »Störung aus dem Autismus-Spektrum« selbst für Experten zunehmend schwer zu durchschauen sind. Wer ist Autist und wer nicht? Die Grenzen scheinen zu verschwimmen, mit dem Resultat, dass die Zahl der mit der »Modediagnose« Autismus versehenen Menschen weiter ansteigt. Autist ist dann längst nicht nur jemand, der starke Einschränkungen gemäß den einstigen Kanner-Kriterien erfüllt. Als Autist fühlt sich oft auch schon der angesprochen, der nur ein bisschen »anders« als die Allgemeinheit ist. Auch diese Menschen erhalten oft eine Autismus-Diagnose, sodass heute von einer großen, überaus heterogenen Gruppe von Menschen im Autismus-Spektrum ausgegangen werden kann.

Sinnvoll ist es daher, zunächst einmal zu den Wurzeln des Krankheitsbildes Autismus zurückzugehen. Der österreichisch-amerikanische Kinder- und Jugendpsychiater Leo Kanner und der österreichische Kinderarzt Hans Asperger haben für die jeweils nach ihnen benannten Störungen die wichtigsten Merkmale beschrieben.

Kanner nannte in seinen Ausführungen zwei Grund- und vier Sekundärsymptome:

Grundmerkmale:

- Erstes Auftreten in der frühesten Säuglingsentwicklung
- Verzögerungen in der Sprachentwicklung

Sekundärmerkmale:

- Positive Einstellung zu Gegenständen
- Beeinträchtigung der kognitiven Fähigkeiten
- Motorische Auffälligkeiten
- Die Unfähigkeit, zu Menschen normale Beziehungen aufzunehmen

Autisten, die diese Kernsymptome aufweisen, bezeichnen Mediziner heute als Kanner-Autisten bzw. als Menschen mit frühkindlichem Autismus. Diese Betroffenen benötigen häufig ihr ganzes Leben lang Unterstützung, oft schon bei einfachen, alltäglichen Tätigkeiten wie dem Zähneputzen. Die Gruppe der Kanner-Autisten erscheint als eine verhältnismäßig kleine Subgruppe im autistischen Spektrum und macht nur etwa 0,13–0,22 Prozent der Gesamtbevölkerung aus.

2.2 Vergleich Asperger- und Kanner-Autismus, Begriff »Autismus-Spektrum«

Hans Asperger stellte bei der von ihm beschriebenen »autistischen Psychopathie«, welche ab dem dritten Lebensjahr auftritt, folgende Symptome fest:

- Hemmungen im emotional-affektiven Bereich
- Tendenz zur Abkapselung und Selbstisolierung
- Frühe Fähigkeiten im sprachschöpferischen Bereich, gleichzeitig aber Störungen in der Sprache als Kommunikationsmittel
- Abweichen des Denkens vom praktischen Handeln
- Motorische Stereotypien
- Durchschnittliche bis überdurchschnittliche Intelligenz
- Probleme im Trieb- und Gefühlsleben

1994 definierte die 10. Revision der Internationalen Klassifikation der Krankheiten der Weltgesundheitsorganisation (ICD-10) den Kanner-Autismus (oder auch frühkindlichem Autismus), das Asperger-Syndrom und den atypischen Autismus als Störungen aus dem Autismus-Spektrum.

Tab. 2.1: Übersicht über die Symptome bei verschiedenen Autismus-Typen (nach ICD-10-GM Version 2023)

	Frühkindlicher Autismus	Asperger-Syndrom	Atypischer Autismus
Synonyme	Autistische Störung, Frühkindliche Psychose, Infantiler Autismus, Kanner-Syndrom	Autistische Psychopathie, Schizoide Störung des Kindesalters	Atypische kindliche Psychose, Intelligenzminderung mit autistischen Zügen
Auftreten erster Symptome	Vor dem 3. Lebensjahr		Möglicherweise erst nach dem 3. Lebensjahr
Abnorme Funktionen in den Bereichen	Soziale Interaktion, Kommunikation, eingeschränktes stereotyp repetitives Verhalten	Soziale Interaktion, eingeschränktes stereotyp repetitives Verhalten	Diagnostische Kriterien möglicherweise nicht in allen Bereichen erfüllt
Entwicklung	Abnorme oder beeinträchtigte Entwicklung	Fehlende allgemeine Entwicklungsverzögerung bzw. fehlender Entwicklungsrückstand der Sprache und der kognitiven Entwicklung	Sehr häufig bei schwer retardierten bzw. unter einer schweren rezeptiven Störung der Sprachentwicklung leidenden Patienten
Weitere Symptome	Unspezifische Probleme wie Phobien, Schlaf- und Essstörungen, Wutausbrüche und (autodestruktive) Aggression	Auffallende Ungeschicklichkeit	Charakteristische Abweichungen auf anderen Gebieten vorliegend

Seit Januar 2022 ist international die 11. Revision ICD-11 gültig. Diese Klassifikation fasst alle Ausprägungen des Autismus unter der Diagnose »Autismus-Spektrum-Störung« (ASS) und auf Englisch »autism spectrum disorder« (ASD) zusammen. Damit trägt die Wissenschaft der Erkenntnis Rechnung, dass die zuvor unterschiedenen Subtypen in der Praxis oft schwer unterscheidbar sind. In Deutschland kann das aktualisierte Kodiersystem bereits angewendet werden. Das Bundesinstitut für Arzneimittel und Medizinprodukte (BfArM) stellt den aktuellen Stand der Übersetzung auf seiner Website zur Verfügung.[1]

2.3 Wie häufig ist Autismus?

Es gibt nach wie vor wenige valide Daten zur Häufigkeit von Autismus-Spektrum-Störungen. Autismus Deutschland e. V. beruft sich auf Untersuchungen in Europa, den USA und Kanada und gibt darauf basierend an, dass etwa 6 bis 7 von 1.000 Personen an einer Störung aus dem Autismus-Spektrum leiden. Der Anteil der Jungen/Männer erweist sich in den meisten Untersuchungen als höher als der Anteil der Mädchen/Frauen. Schätzungen zufolge beträgt das Verhältnis männlich–weiblich etwa 2:1 bis 3:1.

Untersuchungen zeigen eine Steigung der Prävalenz in den letzten Jahrzehnten an. Ob diese Zunahme allein auf eine bessere und frühere Diagnostik zurückzuführen ist oder ob tatsächlich mehr Menschen betroffen sind, ist unklar.

Ärzte können eine Autismus-Spektrum-Störung an keinem objektiven Marker – etwa an einem bestimmten Laborwert – feststellen. Die Diagnose ist daher weniger objektiv als bei anderen Krankheiten. Eine Autismus-Spektrum-Störung machen Ärzte an Beobachtungen und Verhaltensauffälligkeiten fest. Fragebögen oder Testmethoden etwa am Computer können die Untersuchung ergänzen. Zudem muss der Arzt Krankheiten ausschließen, die eine ähnliche Symptomatik verursachen können. Weitere Untersuchungen wie etwa eine Bildgebung des Gehirns können vorgenommen werden, um andere Ursachen auszuschließen.

Es ist wegen der subjektiven Art der Diagnosestellung möglich, dass bei Menschen, die an einer Autismus-Spektrum-Störung leiden, diese nicht erkannt wird, und im gegenteiligen Fall, dass Ärzte beim Vorliegen einiger an Autismus erinnernder Symptome irrtümlich die Diagnose stellen. Manche dieser Patienten leiden vielleicht an einer ganz anderen Störung oder Krankheit. So können sich beispielsweise Verhaltensmerkmale und kognitive Auffälligkeiten bei Patienten mit Magersucht und dem Asperger-Syndrom ähneln. Fehldiagnosen können in beiden Fällen tragisch sein, wenn Betroffene dadurch keine adäquate therapeutische Hilfe bekommen.

---

1 https://www.bfarm.de/DE/Kodiersysteme/Klassifikationen/ICD/ICD-11/uebersetzung/_node.html (Zugriff am 15.04.2024).

2.4 Erklärungsansätze für das Phänomen »Autismus«

Bis heute ist nicht eindeutig geklärt, wodurch Autismus verursacht wird. Drei Faktoren scheinen bei der Entstehung des Störungsbildes eine Rolle zu spielen: Erbliche Grundlagen, neurologische Veränderungen und Umwelteinflüsse.

Als sicher erscheint, dass eine genetische Disposition beim Autismus vorliegt. Es gibt verschiedene Gene, die im Zusammenspiel zu Autismus-Spektrum-Störungen führen sollen. Je nachdem, welche und wie viele Gene betroffen sind, sollen die autistischen Symptome stärker oder schwächer ausgeprägt sein. Ein Indiz für Gene als Auslöser von Autismus finden Wissenschaftler in Familien- und Zwillingsstudien. Ebenfalls ein Hinweis darauf könnten Untersuchungen sein, die zeigen, dass ein älterer Vater einen Risikofaktor für Autismus beim Kind darstellt. Je älter Eltern sind, desto eher weist das Erbmaterial ihrer Keimzellen Defekte auf.

Genetische Veränderungen können Veränderungen im Gehirn zur Folge haben. Bei Autisten stehen neben der Kommunikation von Hirnregionen der Frontal- und Temporallappen auch das Kleinhirn sowie das limbische System im Fokus. Eine Theorie besagt, dass Menschen im Autismus-Spektrum einen veränderten Informationsfluss im Gehirn aufweisen. Untersuchungen zeigen zum Beispiel, dass die Korrelation der Aktivität verschiedener Hirnbereiche bei Menschen mit Autismus verändert ist. Wissenschaftler sprechen hier von Störungen in der Konnektivität, also im Verbindungsmuster. Eine vor wenigen Jahren populäre Erklärungsmöglichkeit ging auf die Entdeckung von Spiegelneuronen im Gehirn zurück. Diese Nervenzellen werden nicht nur dann aktiv, wenn man selbst handelt, sondern auch dann, wenn es ein anderer tut. Es hieß, dass Symptome von Autismus-Spektrum-Störungen auf Störungen im Bereich der Spiegelneuronen zurückgehen könnten. Heute schreiben die meisten Wissenschaftler den Spiegelneuronen zur Erklärung von Autismus keine wesentliche Rolle mehr zu.

Bestimmte Auslöser aus der Umwelt (»Trigger-Faktoren«) sind möglicherweise für den Ausbruch oder die Manifestation von Symptomen verantwortlich. In einigen Fällen wurde ein Zusammenhang mit einer Infektions- oder einer anderen Krankheit vermutet, von der das Kind in seinen ersten Lebensjahren oder aber die Mutter während der Schwangerschaft betroffen war. Beweise für diese These fehlen jedoch.

Einige Wissenschaftler führen autistische Symptome auf Veränderungen im hormonellen System, Autoimmunkrankheiten, Stoffwechselstörungen oder biochemische Besonderheiten im Botenstoffwechsel im Gehirn zurück. Hinweise auf einen möglichen Einfluss der Darmmikrobiota werden ebenfalls zur Erklärung herangezogen. Im Tierversuch wurde gezeigt, dass eine Änderung in der Darmflora zu einer Verhaltensänderung führen kann, die an Autismus erinnert. Verfechter der Theorie nehmen an, dass eine Ernährungsmodifikation die Darmflora verändern und dadurch eine Besserung des autistischen Verhaltens herbeiführen könnte. Einen ausreichenden wissenschaftlichen Nachweis gibt es dafür nicht.

Wie genau letzten Endes Autismus entsteht und welche Einflussfaktoren tatsächlich eine Rolle spielen, muss noch weiter erforscht werden. So gelten heute viele Ursachentheorien zum Autismus, die einst eine große Anhängerschaft hatten, als widerlegt. Wissenschaftler können mittlerweile bestätigen, dass quecksilberhaltige Impfstoffe mit Konservierungsmitteln wie Thiomersal keinen Autismus auslösen. Auch ist längst klar, dass eine Berufstätigkeit bei der Mutter (»Kühlschrankmutter«[2]) keinen Autismus bei einem gesund geborenen Kind auslöst.

Um die Entstehung der eigentlichen Symptome bei Betroffenen im autistischen Spektrum zu beschreiben, existieren ebenfalls verschiedene Theorien. Begriffe wie Theory of Mind, beeinträchtigte Exekutivfunktionen sowie schwache zentrale Kohärenz kommen hier immer wieder auf.

Der Begriff Theory of Mind beschreibt die Fähigkeit, einerseits eigene Gefühle und Gedanken auszudrücken und andererseits die Mimik, Gestik und Tonlage der anderen zu verstehen. Autisten verfügen nur eingeschränkt über diese Fähigkeiten, was zu ihren Problemen im zwischenmenschlichen Bereich beiträgt. Handlungen anderer können falsch interpretiert werden und unverständlich erscheinende Reaktionen auslösen.

Exekutivfunktionen sind alle jene Funktionen, die es einem Menschen ermöglichen, vorausschauend zu planen, Planungen umzusetzen und auf Veränderungen zu reagieren. Ein Beispiel ist das Decken eines Tisches. Für autistische Personen kann diese an sich alltägliche und simple Handlung eine immense Herausforderung sein. Exekutive Fähigkeiten brauchen Kinder auch zum Lernen. Bei mangelnden exekutiven Funktionen fällt das Lernen schwerer.

Die zentrale Kohärenz ermöglicht es einem Menschen, Einzelelemente zu einer Ganzheit zusammenzufügen und die Umwelt in ihrem Gesamtzusammenhang zu verstehen. Autistische Menschen nehmen ihre Umwelt hingegen in einzelnen Details wahr, erkennen aber weder deren Zusammenhänge noch das große Ganze. Der starke Fokus auf Details kann beispielsweise beim Lernen Vorteile verschaffen, in den meisten Fällen wirkt er sich aber als nachteilig aus, da Schulstoff zwar in kleinen Häppchen präsentiert wird, dann aber für Prüfungen oder zur Anwendung im Alltag zusammengefügt werden muss.

2.5 Autismus – Behinderung oder nicht?

Viele Asperger-Autisten wünschen sich eine Sonderbehandlung – etwa einen Nachteilsausgleich in der Schule –, wie sie auch Menschen mit Behinderungen zusteht.

Während Formen des frühkindlichen Autismus fast immer als Behinderung klassifiziert werden müssen, ist die Situation für Menschen, die Asperger-Autismus

---

2   Der Begriff »Kühlschrankmutter« wurde 1943 von Leo Kanner in seiner Arbeit »Autistic Disturbances of Affective Contact« aufgebracht.

2.5 Autismus – Behinderung oder nicht?

diagnostiziert bekommen haben, weniger eindeutig. Das Asperger-Syndrom wird zwar sozialrechtlich als Form der seelischen Behinderung eingeordnet. Viele Betroffene können sich damit aber nicht identifizieren und widersprechen dieser Einschätzung. In ihrem Selbstverständnis sehen sie sich als Menschen, die anders sind als die meisten anderen Menschen, und argumentieren weiter, dass »anders« auch wieder relativ sei, da jeder Mensch auf seine Weise anders sei. »Anders« wird demnach »normal«. Autismus als eine Normvariante der menschlichen Wesensart bzw. der Informationsverarbeitung stellt per se keine Behinderung dar. Die abweichende Informationsverarbeitung kann aber im Alltag und vor allem in Gesellschaft einschränken. Manche Asperger-Autisten gehen noch einen Schritt weiter, wenn sie ihre Wesensart bewerten. Sie fokussieren allein auf die Vorteile und betrachten den Asperger-Autismus als eine Art höhere Evolutionsstufe des Menschen. Sie sagen zum Beispiel, dass sie besser angepasst seien an die Erfordernisse einer technisierten Welt als die meisten anderen, vorrangig sozial orientierten Menschen. Während der COVID-19-Pandemie erschien es oft so, als hätten diese Menschen damit gar nicht so Unrecht.

Die Spannbreite zwischen einer gewissen Hilflosigkeit der Betroffenen im Alltag und einem teils überzogenen Stolz auf die eigene Wesensart zeigt die Schwierigkeit dieser Diskussion.

Auch wenn verständlich ist, dass die Frage, ob Autismus eine Behinderung ist oder nicht, gerade für die Betroffenen sehr emotional ist, ist es doch allein schon aus sozialrechtlichen Gründen wichtig, sich der Diskussion nicht von vornherein zu verschließen. Sinnvoller ist es, erst einmal die Fakten zu betrachten, was eine Behinderung überhaupt ausmacht. Menschen mit Behinderung erleben bestimmte Situationen als schwerer als andere Menschen. Es spielt hier zunächst keine Rolle, ob die Behinderung durch äußere Faktoren (zum Beispiel fehlender Fahrstuhl) oder innere Faktoren (zum Beispiel angeborene Gehörlosigkeit) bedingt ist. Entscheidend ist die Erschwernis im Alltag, durch die den betroffenen Menschen ein Nachteil entsteht, den es auszugleichen gilt. Unter dieses Verständnis von Behinderung und Nachteilsausgleich fallen auch viele Menschen mit Asperger-Autismus. Ihnen können ihre besondere Wahrnehmung und ihre Einschränkungen im Sozialverhalten im Alltag Steine in den Weg legen. Wie sehr sich ein autistischer Mensch behindert fühlen muss, hängt zum einen von seiner Umwelt, zum anderen aber auch von seinem inneren Empfinden ab. Sobald ihm aber Nachteile welcher Art auch immer aus seiner Form der neurologischen Diversität erwachsen, sollte er ein Recht auf ausgleichende Maßnahmen haben.

Auch wenn sich Menschen speziell mit der klassisch als Asperger-Autismus beschriebenen Autismus-Ausprägung nicht generell als behindert empfinden müssen, so gilt das oft speziell für Situationen, in denen diese Menschen für sich allein sind. In Gesellschaft, in der Schule bzw. im Beruf stoßen sie häufig auf Hindernisse und Barrieren, die sie behindern. Durch sie stoßen sie in vielen Situationen an ihre Grenzen, in denen andere Menschen noch längst nicht am Limit sind.

Der Zwiespalt – einerseits besondere Rücksichtnahme im Alltag wünschen, andererseits aber nicht als behindert bezeichnet werden wollen – ist schwer zu lösen. Es bleibt vielleicht nur die Möglichkeit, sich so lange den Begriff »behindert« gefallen zu lassen, wie man einen besonderen Schutz braucht.

2.6 Probleme in der Sensomotorik

2.6.1 Sensorische Störungen

> Tobias ist hypersensibel. Schon als kleines Kind hat er unberechenbar auf Reize reagiert. Beim Streicheln und Kuscheln mit der Mutter wand er sich wie vor Schmerzen und schrie. In seinem Laufstall schlug er hingegen wieder und wieder mit dem Kopf gegen das Gitter, ohne dass es ihm weh zu tun schien. Auch wenn Tobias als Kleinkind hinfiel, weinte er nicht. Bei Sinneseindrücken wie lauten Geräuschen, intensiven Gerüchen und blendendem Sonnenlicht war er kaum zu beruhigen. Seine Eltern wussten nicht, wie sie ihm helfen, wie sie überhaupt mit diesem Verhalten umgehen sollten.

Eine aus dem Alltag abgeleitete Annahme könnte lauten: Alle Menschen reagieren auf Reize ähnlich. Aus dem Alltag weiß man aber auch, dass der eine beim Kitzeln etwas lauter lacht, während ein anderer unempfindlicher ist, oder sich der eine bei einer bestimmten Temperatur den Pullover ausziehen muss, weil ihm zu warm ist, der andere sich jedoch eine Strickjacke zum Überziehen holt, weil es ihn fröstelt. Und noch mehr: Der eine schaltet das Licht aus, der andere ein zusätzliches an, der eine stellt den Fernseher lauter, der andere leiser. Über die richtige Reizstärke können auch nicht-autistische Menschen streiten. Das Fazit ist: Unterschiede in der Wahrnehmung sind zwischen den meisten Menschen vorhanden, gleichwohl sind es eher geringe Unterschiede, die eine Einigung in der Regel leicht gelingen lassen.

2.6 Probleme in der Sensomotorik

Bei autistischen Menschen kann es sein, dass sie sich in ihren Wahrnehmungseigenschaften viel stärker von den meisten ihrer Mitmenschen unterscheiden, als sich neurotypische Menschen voneinander unterscheiden. Weicht die Wahrnehmung eines Menschen jedoch zu stark von der durchschnittlichen Wahrnehmung ab, kann das dem Betroffenen erhebliche Probleme bereiten, wenn er sich in der Umwelt zurechtfinden und in die Gesellschaft einfügen möchte.

Qualitative Abweichungen (zum Beispiel das Hören von bestimmten Frequenzen) oder quantitative (zum Beispiel eine langsamere Verarbeitung von Informationen) sind in der wissenschaftlichen Autismus-Literatur beschrieben. Beim Autismus ist zu beachten, dass in den meisten Fällen die Sinnesorgane an sich intakt sind, also nicht etwa eine Gehörlosigkeit oder eine Blindheit vorliegen. Die Ursachen für die qualitativen und quantitativen Besonderheiten in der Wahrnehmung gehen nach Ansicht von Experten auf Veränderungen im Gehirn zurück.

Eine dieser Veränderungen betrifft den sog. Filtereffekt im Gehirn. Dieser sorgt dafür, dass ein Großteil der auf einen Menschen einprasselnden Informationen herausgefiltert wird, bevor sie zu einer bewussten Wahrnehmung werden. Nur jene von den vielen eintreffenden Reizen werden auch tatsächlich wahrgenommen, die als wichtig und relevant genug erachtet werden.

Bei Menschen im Autismus-Spektrum kann es sein, dass der Filtereffekt nicht richtig sortiert und zu viele Wahrnehmungen gleichzeitig zulässt. Die resultierende permanente Reizüberflutung führt zu einem extremen Stress für den Betroffenen. Es fällt den Menschen mit nicht-intaktem Filter überaus schwer, zwischen Relevantem und Irrelevantem zu trennen. Für autistische Menschen entsteht folglich ein gedankliches Chaos, da alle eintreffenden Sinnesreize als gleich stark bewertet werden.

Ein weiteres Wahrnehmungsproblem bei autistischen Menschen kann darin bestehen, dass sie sich nur auf einen Gegenstand zu einer Zeit konzentrieren können. Zum »Multitasking« (das im Übrigen auch die meisten neurotypischen Menschen nicht wirklich beherrschen) können viele schon allein aus diesem Grund nicht fähig sein. Im Zentrum der Aufmerksamkeit kann bei Betroffenen ein zufällig gewähltes Objekt stehen, das aus irgendeinem Grund das Interesse geweckt hat. Im Extremfall kann das bei einem autistischen Schüler im Unterricht etwas Kurioses sein wie ein auffälliges Kleidungsstück oder eine bestimmte Bewegung, die der Lehrer unbewusst ausführt. Bisweilen blendet das Kind alles andere hinaus aus und nimmt nur noch diesen einen Reiz wahr, nicht mehr aber das Wesentliche, den Unterricht.

Möglichkeiten für Lehrer, auf einen mangelnden Filtereffekt zu reagieren und Abhilfe zu schaffen

- Immer – ob an der Tafel oder beim Sprechen – die wichtigen Informationen hervorheben, unwichtige reduzieren
- Den Schreibtisch von allem Überflüssigen befreien und die Materialien auf die wesentlichen beschränken
- Klare und verlässliche Strukturen schaffen, darauf achten, dass Gegenstände einen gewohnten Platz haben

- Eine möglichst reizarme Umgebung schaffen und Ablenkungsquellen reduzieren: einen Einzeltisch eventuell mit Sichtblenden anbieten (nicht am Fenster!), einen Extraraum bei Klassenarbeiten zur Verfügung stellen etc.
- Rückzugsmöglichkeiten für Pausen anbieten

Mit einem Kind, das dazu neigt, seine Aufmerksamkeit auf unwichtige Gegenstände zu richten, können Eltern und Lehrer trainieren, dass es seine Aufmerksamkeit gezielt auf wichtige Gegenstände lenkt und möglichst lange dort behält.

Zu einer ganzheitlichen Wahrnehmung gehört die Fähigkeit, einzelne Wahrnehmungen zu einem Ganzen zusammenzufügen. Ein Problem autistischer Menschen, das viele Bereiche des (schulischen) Lernens betrifft, ist auf ihre schwache zentrale Kohärenz zurückzuführen. Unter zentraler Kohärenz versteht man die Fähigkeit, Einzelheiten zu einem Ganzen zusammenzusetzen. So ergeben für fast jeden Menschen eine Ansammlung vieler Blätter, ein Stamm und einige Äste das Gesamtbild Baum. Ebenso sind fünf Finger und ein Ballen eine Hand, die Teile eines Puzzles ein bestimmtes Motiv, die Wörter eines Texts eine Geschichte. Fehlt jedoch die zentrale Kohärenz, würde jedes der Teile einzeln wahrgenommen werden und nicht alle zusammen in ihrer Gesamtheit. Als Beispiel sei die Wahrnehmung eines Fahrrads aufgeführt: Menschen mit einer schwachen zentralen Kohärenz sehen hier ein Rad, noch ein Rad, dazwischen ein Metallgerüst, zwei Pedale und so weiter. Mühevoll muss durch geistige Konstruktion ein Ganzes, nämlich das Fahrrad, aus den einzelnen Bestandteilen zusammengesetzt werden.

Es ist offensichtlich, dass eine unzusammenhängende Wahrnehmung zu immensen Schwierigkeiten im Alltag führen muss. Dazu gehört auch das Problem, komplexere Situationen und Zusammenhänge (zum Beispiel in Geschichten) zu erfassen. Einen Vorteil bringt die schwache zentrale Kohärenz jedoch mit sich: Betroffene besitzen die Fähigkeit, sich absolut auf Details zu konzentrieren. Ein Beispiel dafür ist das fokussierte Expertenwissen mancher Menschen im Autismus-Spektrum zu einem ganz bestimmen, eng umfassten Thema.

Zusätzlich zu den genannten Problemen können intramodule Störungen auftreten. Darunter fallen Störungen der Wahrnehmung, die innerhalb eines Sinneskanals stattfinden. Dazu zählen Über- und Unterempfindlichkeiten. Sie beruhen auf einer veränderten Reizschwelle, also einem veränderten Wert der Reizstärke, ab der ein Reiz wahrgenommen werden kann bzw. bei Überschreiten desselben der Reiz als zu stark empfunden wird.

Über- und Unterempfindlichkeiten können sich auf verschiedene Sinnesmodalitäten auswirken und oftmals das paradoxe Verhalten infolge bestimmter Stimuli erklären. So können bestimmte Geräusche autistischen Kindern große Angst machen. Manche Kinder scheinen alles zu hören, selbst das, was sie eigentlich nicht hören können sollten, dann wieder wirken sie wie gehörlos. Einige Kinder starren wie hypnotisiert ewig in grelles Licht und fühlen sich nicht geblendet, während andere im normal beleuchteten Raum eine Sonnenbrille aufsetzen müssen, da sie unter dem hellen Licht sonst zu sehr leiden würden.

Zum Schluss sei noch ein Begriff erwähnt, der im Zuge mit Autismus häufig fällt und unter dem sich viele Menschen wenig vorstellen können: »Overload«. Ein

2.6 Probleme in der Sensomotorik

Overload kann ebenfalls mit der Wahrnehmung zu tun haben. So braucht jeder Mensch nach intensiven Wahrnehmungsphasen Pausen zur Verarbeitung und zur Erholung. Das liegt daran, dass immer nur eine gewisse Menge an Informationen am Stück aufgenommen werden kann und dann die inneren Speicher erst mal voll und die Akkus leer sind. Bei autistischen Menschen führt die Filterschwäche dazu, dass fortwährend mehr Informationen als bei neurotypischen Menschen verarbeitet werden müssen. Bei Menschen im Spektrum ist folglich jede Wahrnehmung intensiver, und entsprechend schneller brauchen ihre Nerven eine Phase der Regeneration. Bleibt diese Regeneration aus, was zum Beispiel während eines langen Schultags unvermeidlich ist, kommt es zu einer Überlastung des Nervensystems. Irgendwann wehrt sich bei vielen autistischen Menschen der Körper dagegen. Das führt zu verschiedenen Reaktionen, die bei jedem anders ausfallen. Einige Beispiele sind plötzliche körperliche Schwäche, eine verschwimmende Sicht, Hörstörungen oder Kopfschmerzen. Manche Betroffene beschreiben die Symptome ähnlich einer Migräne. Wie für die Migräne gibt es auch für den Overload kein eindeutig beschriebenes und bei jedem gleich auftretendes Erscheinungsbild.

Ein Weg, mit dem das autistische Gehirn eine Kompensation des Sinneschaos sucht, ist die strikte Bevorzugung eines Sinneskanals. Häufig ist das die visuelle Ausrichtung, seltener wird der auditive Kanal bevorzugt. Entsprechend besitzen Autisten individuell unterschiedliche Kanäle zum bevorzugten Lernen.

Zu Schwierigkeiten kann in der Schule und im Alltag führen, dass Informationen aus verschiedenen Sinneskanälen nicht gleichzeitig ausgewertet werden können. Experten sprechen hier von intermodulen Störungen. Manche Menschen im Spektrum beschreiben sich selbst als »Monokanal«, sie können entweder zuhören oder zuschauen, aber nicht beides zur selben Zeit. Da dies in der Schule aber sehr oft verlangt wird (gleichzeitig zuhören und mitlesen, der Lehrer schreibt an die Tafel und erklärt gleichzeitig, Diktiertes mitschreiben etc.), braucht das Kind für viele Übungen mehr Zeit oder Extrahilfen im Unterricht.

Eine andere Folge ist die leichte Ablenkbarkeit: Das Kind kann nicht gleichzeitig das Flüstern aus der letzten Reihe und die Grafik an der Tafel wahrnehmen. Lehrer können hier Abhilfe schaffen, indem sie mehr Zeit geben und wichtige Informationen schriftlich zum Nachlesen anbieten.

Viele Menschen würden gerne besser verstehen können, was es bedeutet, wie ein Autist seine Umwelt zu empfinden. Man kann dazu ein Gedankenexperiment machen und sich vorstellen, man sei in einem Raum, in dem viele Radios mit unterschiedlichen Sendern gleichzeitig laufen. Nun stelle man sich vor, man würde genauso auch eine normale Geräuschkulisse etwa in der Schule oder in einem Supermarkt empfinden. Analog für andere Wahrnehmungen kann man sich beispielsweise vorstellen, man habe einen Pullover an, gegen den man allergisch ist, sodass man sich andauernd kratzen möchte. Kann man sich unter diesen Bedingungen noch gut auf einen Vortrag konzentrieren? Es wird schnell klar, dass das Leben mit einer hochsensiblen Wahrnehmung anstrengend und stressig ist. Viele autistische Kinder müssen jeden Tag damit leben.

Geräuschempfindlichkeit

Als kleines Kind hat Tobias so wenig auf Ansprache reagiert, dass die Eltern seine Hörfähigkeit untersuchen ließen. Dabei stellte sich heraus, dass Tobias sogar besser als der Durchschnitt hören kann. Die menschliche Stimme bewertete er als Kleinkind jedoch nicht als einen besonderen Bestandteil des Lärms um ihn herum. Für ihn waren Stimmen Geräusche wie alle anderen auch. Daraus resultierte die fehlende Reaktion auf Ansprache.

Heute bereitet Tobias sein scharfes Gehör Schwierigkeiten. Jedes Rascheln oder Flüstern im Unterricht irritiert den Jungen; er wird nervös, kann sich nicht mehr konzentrieren und zappelt unruhig auf seinem Stuhl herum. Eine Klassenarbeit kann er nur in einem Einzelzimmer in absoluter Ruhe schreiben. Die unvermeidliche Geräuschkulisse im normalen Unterrichtsraum, die aus dem Kratzen von Stiften über dem Papier, dem gelegentlichen Räuspern, Husten oder Stühlerücken von Mitschülern besteht, würde ihn zu sehr stören. Oft sagt Tobias, dass ihm laute Geräusche wehtäten, fast so, als träfe der Bohrer eines Zahnarztes einen nicht betäubten Nerv.

Auf äußere Beobachter erscheinen Autisten voller Widersprüche. So auch im Bereich der Sinneswahrnehmung über die Ohren, die Akustik.

Einerseits wirken viele Menschen im Autismus-Spektrum in bestimmten Situationen wie gehörlos. Nicht wenige von ihnen mussten sich irgendwann im Leben Hörtests unterziehen. Bei einigen haben diese Tests tatsächlich eine abnorme und in Teilbereichen eingeschränkte Hörfähigkeit ergeben. Es kommt beispielsweise vor, dass Kinder eine zu hohe Hörschwelle aufweisen, was bedeutet, dass sie auf Laute unsensibel reagieren. Sehr oft bleiben die Untersuchungen aber ohne Befund. Meist finden diese Hörtests im Kleinkindalter statt, oft motiviert dadurch, dass sich die Eltern Sorgen machen, wenn das Kind nicht zu sprechen beginnt.

Andererseits wird im Bereich des Hörens sehr häufig eine ungewöhnliche Hörschärfe beschrieben. Die Kinder hören unwahrscheinlich gut, kriegen bisweilen sogar genau mit, was im Nachbarzimmer besprochen wird. Daraus resultiert zwangsläufig eine entsprechend leichte Ablenkbarkeit im Unterricht. Selbst kleinste Geräusche können es ihnen unmöglich machen, dem Unterricht aufmerksam zu folgen.

Zu diesem Phänomen schreibt die Autistin Temple Grandin in ihrem Buch »Ich bin die Anthropologin auf dem Mars«:

>»Ich habe immer noch Probleme damit, den Gedankenfaden nicht zu verlieren, wenn ablenkende Geräusche auftreten. Wenn ein Piepser zu hören ist, während ich einen Vortrag halte, nimmt das meine ganze Aufmerksamkeit in Anspruch, und ich vergesse vollkommen, worüber ich sprach. [...] Wenn zwei Menschen gleichzeitig sprechen, fällt es mir schwer, die eine Stimme auszublenden und der anderen zuzuhören. Meine Ohren sind wie Mikrofone, die alle Geräusche mit gleicher Intensität aufnehmen. Die Ohren der meisten Menschen sind wie Richtmikrofone, die nur die Laute jener Person aufnehmen, auf die sie gerichtet sind.«[3]

---

3 Grandin, Temple: »Ich bin die Anthropologin auf dem Mars«. Mein Leben als Autistin. München 1997. S. 83.

Akustische Hypersensibilität

Zeichen, an denen Lehrer erkennen können, dass Schüler im Autismus-Spektrum unter einer Übersensibilität des Gehörs leiden, sind Verhaltensweisen wie ein häufiges Zuhalten der Ohren, panische Reaktionen bei lauten Geräuschen, beim Lärmen der Klassenkameraden oder dem Klingeln der Schulglocke. Für einen autistischen Schüler mit erhöhter auditiver Empfindlichkeit sind viele Situationen in der Schule entsprechend schwierig. Laute Pausen, gemeinsames Singen im Musikunterricht, Sportunterricht – immer dann, wenn viele zusammen laut sind oder viele durcheinander und ineinander reden, fühlen sich Betroffene schnell überfordert. Manche Kinder reagieren auf Lärm, den sie nicht selbst regulieren können, damit, dass sie selbst noch mehr Krach machen. Andere extreme Reaktionen können sein, dass die Schüler mit Gegenständen, die gerade in greifbarer Nähe sind, um sich werfen, sich schreiend Augen und Ohren zuhalten oder wild um sich schlagen.

Für Lehrer ist es wichtig, diese Reaktionen als Überforderung der autistischen Schüler richtig einzuschätzen und die Kinder wenn möglich kurz von der Gruppe und dem Lärmpegel zu entfernen. Bei sehr empfindlichen Kindern ist es gut, von vornherein etwa mit dem Musiklehrer nach einer Lösung für Phasen des gemeinsamen Singens zu suchen.

Viel geholfen ist Schülern im Autismus-Spektrum außerdem, wenn sie bei Anlässen, die eine erhöhte Konzentration erfordern, wie Klassenarbeiten oder Stillarbeiten, Ohrenstöpsel benutzen dürfen.

Eine möglichst leise Klasse ist immer angenehm, nicht nur für autistische Kinder, sondern auch für ihre Mitschüler und natürlich auch die Lehrkraft. Tatsächlich muss dieser Wunsch jedoch häufig angesichts der Realität überfüllter Klassenzimmer scheitern. Hilfreich kann dann sein, das Kind zumindest in eine geschützte Ecke zu setzen und nicht ausgerechnet in die letzte Bank neben die »Chaoten«.

Im Unterricht sollten Lehrer stets berücksichtigen, dass es autistische Schüler gibt, die sich nicht auf das Wesentliche konzentrieren und die irrelevante Geräuschkulisse im Hintergrund ausblenden können. Dies liegt auch an ihrem mangelnden Filtereffekt (▶ Kap. 2.6.1). Um ihnen das Verstehen im Unterreicht zu erleichtern, kann es helfen, wenn der Lehrer Schlüsselwörter ganz besonders betont, um damit die Aufmerksamkeit des Kindes schnell vom Hintergrundlärm zurückzugwinnen. In der Praxis kann das so aussehen:

Lehrer: »Schlagt jetzt bitte das *Mathebuch* auf und löst folgende *Aufgaben!*«

Ungenügendes Sprachverständnis

Ein weiteres Problem, das dazu führen kann, dass ein Kind im Unterricht nicht richtig zuhören kann und dessen Inhalte nicht mitbekommt, liegt dann vor, wenn sein Sprachverständnis ungenügend ist. Aufforderungen oder Geschichten werden nur bruchstückhaft verstanden, da das Kind relevante Wortverknüpfungen nicht erkennt oder Wörter einfach nicht mit Sinn füllen kann. Viele Kinder im Autismus-Spektrum fragen nicht weiter nach, sondern reagieren stattdessen einfach gar nicht.

In diesem Fall erscheint das Kind zunächst ungehorsam, es kann aber auch sein, dass Lehrkräfte auch bei ihnen zunächst ein rein akustisches Hörproblem vermuten, das bei diesen Kindern aber nicht unbedingt vorliegen muss.

Kinder mit unzureichendem Sprachverständnis können davon profitieren, wenn sie sich Hörspielkassetten bzw. -CDs immer wieder und wieder anhören. Ein Kind, das ein Hörspiel bei den ersten Malen nur in Fragmenten verstanden hat, wird es beim wiederholten Vorspielen zunehmend besser und irgendwann schließlich ganz verstehen.

Nur eine Art Reiz zu einer Zeit

Für den Unterricht ist weiterhin zu beachten, dass einige der autistischen Schüler nur auf eine Art Reiz auf einmal sinnvoll reagieren können. Stehen also Aufgaben an, bei denen das Kind vorrangig auf akustischem Weg Informationen aufnehmen soll, sollte der Lehrer darauf achten, dass das sonstige Reizangebot möglichst gering ist. Das bedeutet, dass er irritierende visuelle oder haptische Reize minimieren sollte.

Es kann helfen, wenn ein Kind eine Musikanlage oder ein Musikinstrument erst mal in Ruhe angucken und anfassen darf, damit es sich dann später ganz auf die Töne oder Stimmen konzentrieren kann, die dieses erzeugt.

Typisch ist, dass Hörprobleme aller Art zunehmen können, wenn sich ein Mensch im Autismus-Spektrum aufregt oder außer sich gerät.

> **Vom Wollen und Können**
>
> Sensorische Hörprobleme sollten nicht darüber hinwegtäuschen, dass es auch Kinder gibt, die in bestimmten Situationen wirklich nicht hören wollen. Dann sollte die Reaktion des Lehrers verständlicherweise eine ganz andere sein, als wenn ein Nicht-Können vorliegt. Zwischen beiden Fällen – Nicht-Können einerseits und Nicht-Wollen andererseits – als Außenstehender richtig zu unterscheiden, ist nicht einfach.

Berührungen und andere Empfindlichkeiten

»Du Idiot«, beschimpft Tobias mitten im Unterricht seinen Tischnachbarn. Dann springt er auf und prügelt auf den völlig erstaunten Jungen ein. Dem Lehrer gelingt es, die beiden zu trennen, bevor Tobias seinen Mitschüler ernsthaft verletzen kann. Was war passiert?

Es stellte sich heraus, dass der andere Junge mit seinem Ellbogen kameradschaftlich gegen Tobias Ellbogen gestoßen hat, um ihn darauf hinzuweisen, dass es draußen zu schneien angefangen hatte. Tobias hat das nicht verstanden. Für ihn ist jede Art von »unerlaubtem« Körperkontakt ein Angriff. In seiner Welt bedeutete die Geste, dass der Junge ihm auf böswillige Weise körperlich zu nahe gekommen war. In solchen Situationen geht Tobias sofort zum »Gegen«-Angriff über. Sein Kommentar dazu: »Der andere hat doch angefangen.«

2.6 Probleme in der Sensomotorik

Bei autistischen Menschen kann schon die pure Anwesenheit anderer Menschen Stress erzeugen. Ganz schlimm sind Berührungen, vor allem dann, wenn sie unangekündigt geschehen. Menschen im Autismus-Spektrum können Angst davor haben, unerwartet angefasst zu werden. Im Alltag zusammen mit vielen anderen Menschen sind solche kurzen körperlichen Kontakte jedoch unvermeidlich. Auch in der Schule mit vielen anderen Kindern bleiben Berührungen nicht aus. Autistische Kinder können sich hier so sehr in die Angst hineinsteigern, dass ihnen beispielsweise der Tischnachbar zu nahe kommt, dass sie sich kaum noch auf den Unterricht konzentrieren können. Das ist für alle anderen unverständlich und nicht nachzuvollziehen. Was ist schon so schlimm daran, angefasst zu werden oder flüchtig von einem anderen gestreift zu werden, dass das als Reaktion sogar einen Gewaltausbruch auslösen kann?

Zugrunde liegt dem womöglich eine veränderte Wahrnehmung des Tastsinns. Diese kann auch erklären, warum viele Menschen im Autismus-Spektrum bestimmte Stoffe und Materialen nicht auf der Haut ertragen können. Manche Kinder kratzen sich blutig, wenn sie ein Kleidungsstück aus einem bestimmten Stoff am Körper tragen müssen. Andere Stoffe werden als »kratzig« oder »brennend« auf der Haut beschrieben. Manche Eltern können nur in wenigen Geschäften spezielle Kleidungsstücke kaufen, bei denen ihre Kinder keine Abwehrreaktionen zeigen. Noch schwieriger gestalten sich Fälle, in denen Kinder Wasser auf der Haut kaum aushalten können. Die Kinder zu waschen ist jedes Mal ein Kampf.

Andere Veränderungen der Tastwahrnehmung können sich darin äußern, dass Betroffene nur eine einzige Empfindung spüren, wenn sie sich selbst anfassen. Berührt sich eine solche Person mit dem Finger am Knie, spürt sie entweder den Hautkontakt am Finger oder am Knie. Dann ist es auch häufig so, dass die Abneigung gegen feste, für viele neurotypische Menschen schmerzhafte Berührungsreize viel geringer ist und sogar in Wohlgefallen umschlagen kann. Es gibt Menschen im Autismus-Spektrum, die sich absichtlich harte Berührungsreize zufügen, sei es, um sich selbst überhaupt zu spüren, wie Dietmar Zöller[4], oder aber um durch Druckreize ruhiger zu werden, wie es Temple Grandin mit ihrer sogenannten Quetschmaschine gelingt. Diese Maschine fügt Temple kontrollierbare Druckreize zu, die auf sie entspannend wirken.

Die genannten Beispiele zeigen, dass bei vielen autistischen Menschen die Wahrnehmung über die Haut nicht mit der bei neurotypischen Menschen vergleichbar ist. Lehrer sollten bei einem empfindlichen Schüler die Klassenkameraden anhalten, diesen nicht absichtlich zu anzufassen. Im Sportunterricht oder auf dem Schulhof sollten die Mitschüler es vermeiden, ihn anzurempeln und im Umgang keine kameradschaftlichen Berührungsgesten benutzen. Dem autistischen Schüler hingegen erklärt der Lehrer, dass bestimmte Berührungen nicht böse gemeint sind. Das Kind muss unterscheiden lernen zwischen einem böswilligen Schubsen und einem netten Klaps auf den Rücken und ebenso zwischen einem Tritt gegen das Schienbein und einem freundschaftlichen Patschen auf den Oberschenkel. Dafür könnte sich eine gemeinsame Unterrichtsstunde anbieten, in der die Lehrkraft

---

4 Vgl. Verein zur Förderung von autistisch Behinderten e. V.: Autistische Menschen verstehen lernen II. Mit Beiträgen von Betroffenen. Stuttgart 1996. S. 16–17.

verschiedene Arten von körperlichen Berührungstypen erklärt und zusammen mit den Schülern Unterschiede und Erkennungszeichen erarbeitet.

Körperlicher Stress durch andere

Es ist nicht nur die Angst, von anderen versehentlich berührt zu werden, die dazu führt, dass sich Menschen im Autismus-Spektrum in der Gesellschaft anderer unwohl fühlen. Hinzu kommt oft eine geistige Überforderung. Andere Menschen bedeuten für einen autistischen Menschen geistige Arbeit, die bei länger andauerndem Beisammensein zum chronischen Stress und schließlich zur Überforderung führen kann.

Es ist schon so, dass Sprechen und Zuhören an sich Menschen im Autismus-Spektrum immens schwerfallen kann. Dann kommt hinzu, dass sie kommunikative Zeichen, also Mimiken, Gesten etc. nicht auf Anhieb verstehen können. Erst eine beständige Verstandesleistung kann es ihnen ermöglichen, zumindest auf einem elementaren Niveau mit solchen Zeichen umzugehen. Helfen können Lehrer, indem sie Rücksicht darauf nehmen, dass Zuhören, Sprechen und Beachten von Gestiken für Kinder im Autismus-Spektrum anstrengend sein kann. Ihnen zwischendurch Erholungspausen gestatten und Zeiten zugestehen, in denen sie weder reden noch zuhören müssen, kann bei autistischen Kindern für etwas Entspannung sorgen.

Paradoxe Sehnsüchte

Trotz der Probleme, die sich im Zusammensein mit anderen Menschen auftun, kennen viele der betroffenen Kinder eine latent vorhandene Sehnsucht, dazuzugehören. Sie sehnen sich nach Freunden, nach Aufmerksamkeit und Beachtung durch Gleichaltrige. Nur zu oft fehlen ihnen aber die nötigen Mittel und der letzte Wille, Nähe herzustellen. Wenn doch einmal Nähe erzeugt wird, scheuen sie auch gleich wieder vor ihr zurück. Das Bedürfnis nach Nähe und die Unfähigkeit, damit umzugehen, sind genauso paradox, wie der sehnliche Wunsch, umarmt zu werden und die körperliche Unfähigkeit, mit solchen Zärtlichkeiten umzugehen. Auch wenn es nicht grundsätzlich das Problem der Kinder lösen kann, können sie Aussagen wie folgende als entlastend empfinden:
»Es ist okay, wenn du eher ein Einzelgänger bist.«
»Es ist in Ordnung, wenn du nicht zu einer Gruppe gehörst.«

Überempfindlichkeit auf visuelle Reize

> Tobias hört nicht zu. Er starrt in irgendein Nirgendwo in der Nähe des Fensters. Erst nach mehrmaligem Anrufen reagiert er auf den Lehrer. Tobias schüttelt heftig den Kopf, starrt noch einmal in diese ganz bestimmte Richtung und zwingt sich dann, den Lehrer zu beachten.

Was hat Tobias so fasziniert? Es waren die Staubkörner, die er beim Herunterrieseln in einem Sonnenstrahl beobachten konnte. Solche Phänomene haben ihn schon als kleines Kind stundenlang fesseln können.
Tobias besondere Sehfähigkeit kann für Stress sorgen. Als die Eltern früher mit ihm U-Bahn fahren wollten, schrie der Junge und war nicht mehr zu beruhigen, bis die Eltern ihn wieder mit hinauf nahmen. Heute kann er erklären, warum. Das Neonlicht in den unterirdischen U-Bahnstationen bereitet ihm extremes Unwohlsein. Er nimmt darin ein Flackern wahr, das der sensible Junge als unerträglich empfindet.

Bei der visuellen Wahrnehmung können eine Reihe Störungen und Besonderheiten auftreten. So reagieren viele autistische Menschen wie auf akustische Reize auch hochsensibel auf Lichtreize. Sie können grelles und starkes Licht kaum aushalten. Oft empfinden sie schon normale Sonneneinstrahlung als höchst unangenehm, für manche sind sogar schon die Lichtverhältnisse in einem normal erleuchteten Raum zu stark. Viele Kinder suchen dann nach gleichförmigen, symmetrischen optischen Strukturen, welche sie anschauen können und die auf sie beruhigend wirken. Es gibt aber auch Menschen im Autismus-Spektrum, die sich gar nicht mehr anders helfen können, als helle Sommertage im dunklen Keller zu verbringen, und die sich höchstens mit dunklen Sonnenbrillen geschützt in hellere Räume begeben können. Abseits von diesen extremen Überempfindlichkeiten gibt es eine ganze Spannweite von autistischen Menschen, die sich bei hellem Licht in verschiedenen Graden unwohl fühlt und nicht gut konzentrieren kann.

Für viele betroffene autistische Schüler kann es schon eine ausreichende Erleichterung sein, wenn sie auch im Klassenraum eine Sonnenbrille tragen dürfen. Die Mitschüler weist der Lehrer auf die Notwendigkeit für diesen Sonderfall hin. Es geht nicht darum, besonders »cool« zu wirken, sondern nur darum, mit der Überempfindlichkeit besser umgehen zu können. Es sind Kleinigkeiten zu beachten. Beispielsweise kann helles, glänzendes Papier unter Umständen im starken Sonnenlicht zu grell sein. Die Kinder haben dann große Probleme beim Lesen und Schreiben. Schreibhefte sollten daher besser aus dunklem Papier sein, umweltfreundliche Hefte bieten sich hier an. Vorteilhaft sind Bücher, die nicht auf Hochglanzpapier gedruckt sind.

Rätsel Neonlicht

Was für viele Menschen im Autismus-Spektrum ein besonderes und für gesunde Menschen ein kaum nachvollziehbares Problem darstellen kann, ist Neonlicht. Manche autistischen Menschen können, wenn sie in Neonlicht schauen, ein schnelles, stetes Flackern darin wahrnehmen, das sie stark irritiert. Vergleichen kann man das in etwa damit, in einem Raum zu sein, in dem eine Halogenröhre einen Wackelkontakt hat.
Falls der Unterrichtsraum mit Neonlicht beleuchtet wird und das Kind darauf hypersensibel reagiert, hilft es – falls möglich – in einen anderen Raum umzuziehen bzw. für eine andere Beleuchtung zu sorgen.

Andere Arten der visuellen Störung

Neben Überempfindlichkeiten kann auch das genaue Gegenteil, nämlich eine erniedrigte visuelle Empfindlichkeit auftreten. Ein Anzeichen kann zum Beispiel »Augenbohren« sein, das dem bewussten Erzeugen von optischen Effekten in den Sehnerven dient.

Weiterhin gibt es Verzerrungen, die sog. Metamorphosie. Gegenstände und Menschen werden hierbei in Form und Größe verzerrt wahrgenommen, sie verlieren auch an Form und Kontur. So kann sich der Boden wellen und Bilder können ineinander verlaufen. Dies führt zu erheblichen Schwierigkeiten bei der Orientierung, beim Lesen und beim Schreiben. Verschiedene Auslöser für diese Erscheinungen sind bekannt, darunter fallen laute Geräusche oder allergische Reaktionen auf Nahrungsmittel. Wenn solche spezifischen Auslöser bekannt sind, sollten diese gemieden oder zumindest so gut es geht minimiert werden.

Auch das Einordnen und Bewerten von Eindrücken sowie die Unterscheidung »Vorder- und Hintergrund« kann bei einer gestörten visuellen Wahrnehmung Schwierigkeiten bereiten.

Der Blick fürs Detail

In der Regel weisen Menschen im Autismus-Spektrum eine starke Detailorientierung auf, können dabei aber nicht den Zusammenhang erfassen (vgl. die Ausführungen zur zentralen Kohärenz, ▶ Kap. 2.6.1). Sie empfinden Bildszenen nur als Einzelaspekte, nicht aber in ihrer Ganzheit. Die ständigen Unterbrechungen im Wahrnehmungsfluss erschweren zudem die soziale und räumliche Orientierung und führen zu einer nur bruchstückhaften Wahrnehmung der Umwelt. Betroffenen kann im Extremfall ein Film nur als Aneinanderreihung von Bildern erscheinen, nicht aber in Form bewegter Handlungen. Auch ist das Erfassen von Kausalzusammenhängen, also von Ursache- und Wirkungsbeziehungen, stark erschwert.

Fotografisches Gedächtnis

Ein verhältnismäßig häufiges Phänomen bei Menschen im Autismus-Spektrum ist das fotografische Gedächtnis. Menschen, die diese Gabe besitzen, brauchen etwas nur kurz anzusehen und merken es sich bis ins letzte Detail. Die Vorliebe mancher autistischer Menschen für räumliche Anordnungen und Formen oder für Puzzle, Kartenlesen u. a. kann darauf basieren. Bekannt geworden sind einige autistische Savants, die über diese Gabe verfügen.

2.6.2 Motorische Probleme

> Heute ist Fußball angesagt. Tobias beobachtet, wie sich die Reihen auf den Bänken um ihn herum lichten, einen Schüler nach dem anderen wählen die Spielführer in ihr Team. Die besten Fußballer dürfen als erste aufstehen. Tobias

bleibt bis zum Schluss übrig. Sofort stöhnt die Mannschaft, die ihn bekommt: »Nicht schon wieder ...«.

Tobias muss wie immer im Tor stehen, obwohl er vor den schnell geschossenen Bällen Angst hat und obgleich er kaum mal einen fangen kann. Diesmal rollt ein Ball von einem gegnerischen Stürmer langsam auf ihn zu. Tobias hat Zeit, holt aus und tritt genau daneben. Seine Mannschaft regt sich auf, alle sind sauer auf den »Versager-Tormann«.

Tobias hat noch mehr motorische Auffälligkeiten. Die Haltung, in der er einen Stift führt, wirkt verkrampft, seine Handschrift ist schlecht leserlich. Weil Tobias sich oft so steif bewegt, lachen die Mitschüler und manche nennen ihn »Roboter«. Tobias fühlt sich dadurch verletzt.

Neben den sensorischen Störungen können bei autistischen Menschen auch Probleme in der Motorik auftreten. Motorische Probleme können sowohl feinmotorischer Art sein, worunter im Allgemeinen der Gebrauch der Hände fällt, als auch die Grobmotorik betreffen.

Besonders häufig von irgendeiner Form von Einschränkungen in den Bewegungen sind Menschen betroffen, die die Diagnose Asperger-Syndrom erhalten haben. Die motorischen Defizite führen dazu, dass die Betroffenen als »ungeschickt« oder »ungelenk« beschrieben werden.

Bei den motorischen Störungen sind verschiedene Typen zu unterscheiden. Apraxie bedeutet, dass die Schwierigkeiten, zu handeln, hauptsächlich in einer gestörten Handlungsplanung begründet sind. Weiterhin sind ataktische Auffälligkeiten beschrieben. Die Kinder haben Schwierigkeiten, Kraft und Genauigkeit richtig einzuschätzen, und weisen Probleme in der muskulären Koordination auf. Auf einer gestörten Wahrnehmung, nämlich jener der Lage und Bewegung des Körpers im Raum – der sogenannten Propriozeption – gründen Schwierigkeiten, die Schüler im Autismus-Spektrum beim Klettern und bestimmten anderen sportlichen Tätigkeiten haben können. Hier sollten Lehrer die betroffenen Kinder vorsichtshalber von bestimmten Übungen befreien, da diese für sie aufgrund ihrer gestörten Wahrnehmung gefährlich sein können.

Grobmotorik

Unter grobmotorische Aufgaben fallen Tätigkeiten wie Gehen, Rennen oder die Körperhaltungskontrolle. Die physischen Bewegungen insgesamt werden als unharmonisch und ungelenk empfunden.

Einschränkungen in der Grobmotorik führen unter anderem zu einer ungewöhnlichen und auffälligen Gehweise. Bei den Betroffenen fällt eine steife oder ungelenke Gehweise auf, wobei die Arme oft nicht mitschwingen. Andere Kinder gehen mit auf dem Rücken verschränkten Armen oder holen beim Gehen weit mit diesen aus und behindern andere mit ihren ausholenden Armbewegungen. Oft halten die Kinder den Rumpf sehr steif und weisen keine Dynamik im Gang auf. Die Gehweise wirkt unnatürlich und das kann auf dem Schulhof zu entsprechenden

Kommentaren und Spott führen. Um den Spöttern den Wind aus den Segeln zu nehmen, kann der Lehrer zum Beispiel sagen: »X bewegt sich anders als ihr. Das haben wir jetzt alle gesehen. Wer Fragen dazu hat, kann sich an mich wenden.«

Besonders der Sportunterricht stellt in der Schule grobmotorische Anforderungen an die Schüler. Allgemein gilt, dass Mannschaftssportarten für Kinder im Autismus-Spektrum eher ungeeignet sind. Schon bei der Mannschaftsaufteilung kann das Leid anfangen. Auch ein autistisches Kind ist traurig, wenn es erst als letztes in eine Mannschaft gewählt wird. Eine Lösung ist, dass der Lehrer die Schüler selbst in Teams einteilt und das Wählen von Mitspielern nicht den Schülern überlässt.

Um autistische Kinder sportlich zu fördern, bieten sich besonders Ausdauersportarten an. Dafür ist keine besondere Koordinationsleistung gefragt, das Kind muss nicht mit einem Ball umgehen können und sich auch nicht auf andere Mitspieler einstellen können. Viele Kinder im Autismus-Spektrum schwimmen sehr gerne und können hier Erfolgserlebnisse verbuchen.

Eine grundsätzliche Voraussetzung dafür, dass sich autistische Schüler im Sportunterricht wohl fühlen, besteht darin, dass sie von anderen nicht gehänselt oder verspottet werden, wenn sie sich bei bestimmten Übungen ungeschickt anstellen. Der Lehrer geht entschieden gegen Spott, Auslachen und verletzenden Kommentaren vor und erklärt der Klasse, dass er so etwas nicht duldet.

Feinmotorik

Probleme mit der Feinmotorik können dazu führen, dass sich die Kinder nicht alleine anziehen, die Knöpfe ihrer Jacke nicht schließen und keine Schleife binden können. Zu Tisch fällt auf, dass sie Schwierigkeiten haben, das Essbesteck richtig zu benutzen. Viele autistische Kinder beherrschen das Essen mit Messer und Gabel auch im Grundschulalter noch nicht und das kann auf Klassenfahrten unangenehm auffallen.

Feinmotorische Probleme beeinflussen aber nicht nur normale Tätigkeiten des Alltags, sondern auch viele Bereiche in der Schule. Schwierigkeiten mit der Handschrift sind bei Menschen im Autismus-Spektrum verbreitet. Die Lehrer müssen sich bei ihnen mit oft nahezu unleserlichen Schriften plagen. Eine Lösung ist, betroffene Schüler mit dem Laptop schreiben zu lassen. Falls die Kinder einen Lieblingsstift haben, mit dem sie besonders gut schreiben können, sollten sie diesen benutzen dürfen.

Stereotypien

Viele Kinder im Autismus-Spektrum weisen mehr oder weniger stark ausgeprägte motorische Stereotypien auf. Dazu kann ein Händeflattern, ein Hin- und Herschaukeln mit dem Oberkörper oder ein Auf- und Abbewegen des Kopfes gehören. Es kann passieren, dass ein Kind auch im Unterricht in stereotypes Verhalten verfällt. Hier ist es besonders wichtig, das Kind vor Spott vonseiten der Mitschüler zu schützen.

Die Bedeutung der Stereotypien ist noch nicht völlig geklärt, doch gibt es Hinweise darauf, dass das selbststimulierende Verhalten für die Betroffenen beruhigend ist und auch eine Art Selbstschutzmaßnahme sein kann. Gleichwohl muss dem Kind beigebracht werden, dass die Schule nicht der richtige Ort für ausgeprägte Stereotypien ist, die andere Schüler stören könnten.

Motorische Probleme sind nicht lustig

Kinder mit Autismus leiden nicht nur unter den motorischen Einschränkungen an sich, sondern oft noch mehr unter den Reaktionen und Hänseleien ihrer Altersgenossen. Wenn Klassenkameraden sagen, dass das Kind »wie eine Ente laufe«, wenn sie es bei jeder Mannschaftssportart als letztes wählen, wenn sie lachen, wenn das Kind im steifen Gang über den Schulhof geht, dann führt das dazu, dass das betroffene Kind sich zunehmend unwohl in der eigenen Haut fühlt und im Inneren leidet. Das kann zu ernsten psychischen Problemen führen und sich zum Beispiel auch in einer Essstörung äußern.

> **Alles mit links**
>
> Für Lehrer kann es sich anbieten, der Klasse mit einigen einfachen Experimenten zu veranschaulichen, dass motorische Probleme eine schlimme Einschränkung und keinesfalls lustig sind. Um den Schülern zu zeigen, was es bedeutet, mit motorischen Defiziten zu leben, könnte man sie auffordern, einen Tag lang alles mit links zu machen, also mit der linken Hand zu schreiben, mit der linken Hand die Zähne zu putzen und mit der linken Hand das Messer beim Essen zu halten (Linkshändler machen die Übungen mit der rechten Hand). Wie wirkt sich das auf die Handschrift aus? Ermüdet die Hand beim Zähneputzen schneller? Gelingt es, ein zähes Stück Fleisch zu zerschneiden? Für autistische Kinder lebt es sich jeden Tag wie mit einer linken Hand mit dem Unterschied, dass sie keine rechte Hand zur Verfügung haben, mit der alles einfacher gehen würde.

2.7 Wie macht sich Autismus im Verhalten bemerkbar?

Autistische Kinder fallen früh auf. Meistens sind es die Eltern, die in den ersten Lebensjahren feststellen, dass »irgendetwas« bei ihrem Kind anders ist. Manche Merkmale sind offensichtlich und lassen sich leicht als Behinderungen im Umgang und im Alltag benennen. Andere sind subtiler. Eltern und Bezugspersonen spüren gerade bei Kindern, die die Diagnose Asperger-Autismus erhalten haben, die feinen Unterschiede zu anderen Kindern, können sie aber nicht immer gleich einordnen.

2 Was ist Autismus?

Es folgen einige Beispiele für Bereiche, in denen es Unterschiede zu neurotypischen Kindern geben kann.

2.7.1 Allgemeines Verhaltensbild

Tobias verbringt viel Zeit alleine und hat Probleme, Freunde zu finden. Er macht den Eindruck, als wollte er überhaupt keine Freunde. Tobias reagiert nicht auf soziale Zeichen wie ein Lächeln oder Stirnrunzeln. Wenn man mit ihm spricht, hält er fast nie Augenkontakt. Es fällt ihm schwer, gemeinsam mit anderen etwas zu machen oder sich an einem Gemeinschaftsspiel zu beteiligen. Meist zuckt er zurück, wenn jemand ihn umarmen möchte und er erschrickt fürchterlich, wenn er ein plötzliches Geräusch hört, auch wenn dieses nicht sonderlich laut ist. Da er seine Gefühle nicht richtig artikulieren kann, kommt es immer wieder zu gewalttätigen Gefühlsausbrüchen.

Wie niemand anderes

Da die Gehirne autistischer Menschen anders funktionieren, reagieren und handeln sie auch anders. Das bedeutet aber nicht, dass sich alle autistischen Menschen gleich verhalten würden, im Gegenteil: Das allgemeine Verhaltensbild betreffend gibt es eine große Spannbreite an Unterschieden zwischen autistischen Menschen. Manche Kinder im Autismus-Spektrum verhalten sich passiv und zurückgezogen, andere sind überaktiv und neigen zur Aggressivität.

Autistische Symptome ziehen vielfältige Beeinträchtigungen in den Beziehungen zur Umwelt und der Teilnahme am gesellschaftlichen Leben in der Gesellschaft nach sich. Die Verhaltensauffälligkeiten erschweren eine erfolgreiche Teilnahme am öffentlichen Leben oder lassen diese sogar unmöglich werden. Im Alltag können sie besonders für enge Bezugspersonen den Umgang mit dem autistischen Menschen zur Belastung werden lassen.

Menschen im Autismus-Spektrum punkten gleichzeitig mit starken Eigenschaften, die sie zu besonderen Persönlichkeiten machen. Dazu können zählen:

- Aufrichtigkeit, Loyalität und Zuverlässigkeit
- Ein ausgeprägter Gerechtigkeitssinn
- Große Leistungsbereitschaft insbesondere, wenn es um das Spezialinteresse geht
- Ehrlichkeit und Offenheit
- Sorgfältigkeit und Gewissenhaftigkeit

Bei autistischen Menschen mit nur leichten Behinderungen und auffälligen Stärken mögen diese Stärken leicht darüber hinwegtäuschen, dass eine Entwicklungsstörung vorliegt. Bis auf einige wenige auffällige Verhaltensweisen, wie sie sich zum Beispiel als Beeinträchtigungen des Interaktionsverhaltens, als mangelndes Einfühlungsvermögen, als starres Festhalten an Gewohnheiten oder als motorische Auffälligkeiten äußern können, erscheinen die Betroffenen äußerlich als völlig normal bis besonders begabt. Sie gelten jedoch trotzdem aus Gründen, die die meisten nicht erklären können, in der Gesellschaft als merkwürdige »Käuze«, die man eher belächelt als zum Freund haben möchte.

Begabte autistische Menschen können immense Schwächen in Teilbereichen aufweisen. Gerade bei Personen, die ihr Leben allgemein gut meistern, mögen diese Schwächen überraschen. Zu den möglichen Beeinträchtigungen gehören:

- Gelerntes nicht auf ähnliche Situationen übertragen zu können
- Vergesslichkeit und leichte Ablenkbarkeit
- Wörtliches Verstehen von Sprache
- Unvermögen, die Wirkung des eigenen Verhaltens auf andere einzuschätzen
- Unfähigkeit, sich in die Gefühlswelt anderer hineinzuversetzen
- Sensorische Über- oder Unterempfindlichkeiten
- Schwierigkeiten mit der zeitlichen und räumlichen Organisation

Autistische Schüler mit diesen Schwierigkeiten benötigen bei entsprechenden Aufgaben in der Schule eine besondere Rücksichtnahme und Unterstützung.

2.7.2 Kommunikationsmittel Sprache

Tobias spricht langsam und schleppend. Er hat eine seltsam anmutende Satzmelodie und Betonung. Als kleines Kind lernte er früh sprechen, benutzte die Sprache aber kaum als Kommunikationsmittel. Große Probleme bereiteten ihm die persönlichen Fürwörter. Noch im Kindergarten sprach Tobias von sich selbst als »Tobias« oder »du«. Das Wort »ich« kannte er nicht.

Sprechen kann man nicht von Anfang an. Kleine Kinder müssen das erst mühsam lernen. Das geschieht bei den meisten Kindern quasi automatisch. Der Nachwuchs fängt an, den Eltern nachzubrabbeln und bald lassen sich die ersten richtigen Wörter heraushören. In rasender Geschwindigkeit erweitert sich der Wortschatz des Sprösslings und dann spricht das Kind auch schon die ersten eigenen Sätze.

Bei autistischen Kindern läuft die Sprachentwicklung häufig nicht so selbstverständlich ab. Bei einigen Ausprägungen vom Autismus sind Sprachverzögerungen die Regel, in einigen Fällen bleibt die Sprachentwicklung auch ganz aus. Dem deutschen Autismusforscher Hans Kehrer zufolge verfügen etwa 40 Prozent der autistischen Menschen nicht über eine aktive Sprache, viele von ihnen auch nicht über ein Sprachverständnis.[5]

Menschen im Autismus-Spektrum, die die Diagnose Asperger-Autismus bekommen haben, zeichnen sich gewöhnlich durch einen sehr frühen Sprechbeginn aus. Sie verfügten schnell über einen großen Wortschatz und verwendeten eine für ihr Alter ungewöhnlich akkurate Grammatik.

Bei Diagnosen, die als frühkindlicher Autismus oder Kanner-Syndrom bezeichnet werden, ist hingegen eine eher fragmentär ausgebildete Sprache häufig, mit der sich

---

5 Kehrer, Hans E.: Autismus. Diagnostische, therapeutische und soziale Aspekte. 7. Auflage 2005. S. 32.

2 Was ist Autismus?

die Betroffenen kaum verständlich ausdrücken können. Der Besuch auf einer normalen Regelschule ist für diese Menschen schon allein wegen des mangelnden Sprachvermögens kaum möglich. Es gibt jedoch Fälle, in denen die Kinder lernen, sich schriftlich, zum Beispiel mittels gestützter Kommunikation, zu verständigen. Bei diesen Kindern kann unter bestimmten Bedingungen eine Beschulung gelingen.

Was aber sind die Ursachen dafür, dass die Sprachentwicklung bei autistischen Menschen oft so große Schwierigkeiten bereitet? Betrachten wir zunächst, wie sich Sprache normalerweise entwickelt:

Die Anbahnung der kindlichen Sprachentwicklung beginnt im Mutterleib. Schon jetzt ist das Hörvermögen des Kleinen so weit entwickelt, dass es die mütterliche Stimme wahrnehmen kann. Ist das Kind auf der Welt, kann es sogar Geschichten wieder erkennen, die man ihm vorgelesen hat, als es noch im Mutterleib war. Es kann bereits seine Muttersprache von anderen Sprachen unterscheiden.

In den folgenden Monaten bereitet sich das Baby auf die ersten eigenen Wortbildungen vor. In dieser Zeit sind sprachliche Anregungsreize aus der Umwelt sehr wichtig. Voraussetzung dafür ist, dass die Kinder sprachliche Laute von zufälligen Umgebungsgeräuschen unterscheiden können. Ein Baby sensibilisiert sich in der Regel rasch auf menschliche Äußerungen und lernt, diese von zufälligen, nichtmenschlichen Beschallungen zu differenzieren. Es beginnt, die interessanten Laute aus den Mündern seiner Mitmenschen zu imitieren. Es folgen die ersten, meist repetitiven Silbenformen. Einfache Wörter, die aus wenigen Buchstaben bestehen wie »Mama« oder »Papa«, gehören zu den ersten nachgesprochenen Wörtern. Schritt für Schritt und mit anscheinend wachsendem Spaß lernt das Kind immer mehr Buchstaben und Silben. Dazu braucht es feine und gut ausgebildete motorische Fähigkeiten, um mit dem Mund so viele verschiedene Laute produzieren zu können. Es dauert daher auch bei einem nicht-autistischen Kind seine Zeit, bis es alle Laute fehlerfrei wiedergegeben kann.

Im Alter von elf bis 15 Monaten kommt es zur sog. Wortschatzexplosion, einer gewaltigen Zunahme des Wortrepertoires und dem Auftreten erster kurzer Sätzchen.

Bei autistischen Kindern erreichen oft nur Kinder mit der Diagnose Asperger-Autismus diese Stufe. Es stellt sich die Frage nach den Gründen für die gestörte Sprachentwicklung. Eine eindeutige Antwort gibt es darauf noch nicht. Anscheinend ist es so, dass viele der genannten Voraussetzungen zum Sprechenlernen bei autistischen Kindern nicht immer ausreichend gegeben sind. So ist die Fähigkeit, sprachliche Laute von Umgebungslauten zu unterscheiden, bei ihnen häufig nicht im nötigen Ausmaß vorhanden. Sprechen und Hören sind aber eng miteinander verbunden. Wenn das auditive System nicht richtig funktioniert und sich nicht auf menschliche Laute sensibilisieren kann, dann beachtet das Kind diese auch nicht mit besonderer Aufmerksamkeit. Die Folge ist offensichtlich: Das Kind macht menschliche Laute nicht interessierter nach als andere zufällige Geräusche.

Eltern und erziehende Personen können diese Höreinschränkung daran erkennen, dass ein Kind nicht reagiert, wenn es angesprochen wird, und der menschlichen Stimme gegenüber wie gehörlos erscheint.

Bei den meisten autistischen Kindern läuft die Entwicklung der einzelnen Laute an sich eher normal ab. Trotzdem treten auch hier Besonderheiten auf. Ein Kind, das

2.7 Wie macht sich Autismus im Verhalten bemerkbar?

Laute nicht richtig hören kann, kann diese in der Regel auch nicht richtig nachsprechen.

Das Bedürfnis, sich zurückzuziehen, ist eines der ausgeprägten Merkmale beim Autismus und hat ebenfalls Konsequenzen für den Erwerb einer kommunikativen Sprache. Typisch ist, dass schon kleine Kinder soziale Kontakte ablehnen. Die Sprachentwicklung ist bei ihnen allein schon durch die vermiedene soziale Interaktion behindert. So kann ein Kind kaum sprechen lernen, wenn es nicht Bezugspersonen um sich hat, die es beobachten und imitieren kann. Diesen Zusammenhang veranschaulicht auch ein bekanntes Experiment von Kaiser Friedrich II. von Hohenstaufen, welcher nach der »Ursprache« des Menschen suchte. Dazu soll er der Legende nach kleine Kinder eingesperrt und ihre Pfleger angewiesen haben, zwar die materiellen Bedürfnisse der Babys zu stillen, nicht aber mit ihnen zu sprechen. Die Kinder begannen nicht wie erhofft in der »Ursprache« zu sprechen, sondern verstarben. Ohne menschliche Zuwendung lernen Kinder also weder das Sprechen, noch können sie gesund gedeihen.

Bei Kindern im Autismus-Spektrum, die sich erst normal entwickeln, dann aber im Alter von wenigen Jahren erste autistische Symptome zeigen, treten zwei Auffälligkeiten zeitgleich auf: der soziale Rückzug und ein Stagnieren oder gar Zurückbilden der sprachlichen Fähigkeiten. Dieser »Sprachknick« geht meistens mit einer Verstärkung oder einem Neuauftreten von autistischen Symptomen einher.

Beim Sprechenlernen spielt schließlich auch eine genügende Motivation eine maßgebliche Rolle. Kleine, motivierende Gesten von außen bestärken das Kind in seinen Bemühungen. Der antreibende Effekt sozialer Motivation wirkt sich auf autistische Kinder so nicht aus – kann er auch nicht. Denn die meisten autistischen Kinder beobachten ihre Bezugspersonen viel zu wenig, als dass sie ihre Motivationsgesten wahrnehmen könnten.

Sinn und Zweck des Sprechens ist es, mit anderen zu kommunizieren. Normalerweise ist das Bedürfnis, sich anderen mitzuteilen, schon für kleine Kinder ein starker Antriebsmotor. Sie haben ein natürliches Bedürfnis nach wechselseitiger Kommunikation. Das fehlt bei autistischen Kindern zumeist. Sie haben ein geringes oder gar kein Bedürfnis, mit anderen zu kommunizieren. Die Kinder sind sich scheinbar selbst genug, suchen keine soziale Anerkennung und reagieren nicht auf Interaktionsversuche. Viele empfinden ihr mangelndes Sprachvermögen daher nicht unbedingt als einen Verlust.

Bei einigen Kindern stehen dem Spracherwerb rein funktionale Störungen im Wege. Es kann sein, dass motorische Fähigkeiten im Mundbereich nicht ausreichend ausgebildet sind. Viele der betroffenen Kinder leiden darunter, ihre Körperbewegungen insgesamt nicht koordinieren zu können. Es können zudem Besonderheiten im Muskeltonus auftreten, sodass sich Muskeln nicht mehr ausreichend an- und entspannen lassen. Das Sprechen erfordert jedoch eine genau koordinierte Betätigung zahlreicher Muskeln im Zungen- und Lippenbereich. Es ist offensichtlich, dass bei Kindern mit Defiziten in der Muskelarbeit Probleme auftreten. Oft fällt es den Kleinen schon schwer, zu kauen und Nahrung hinunterzuschlucken. Häufig lässt sich hier mit speziellem Training durch einen Experten einiges erreichen.

Unter Fachleuten lange umstritten war die Frage, welche Rolle die intellektuellen Fähigkeiten bei der Sprachentwicklung spielen. Bis vor Kurzem glaubte man, dass das intellektuelle Niveau ein entscheidender Faktor sei: Je klüger das autistische Kind ist, desto leichter würde es ihm trotz aller Einschränkungen fallen, sprechen zu lernen. Entsprechend ging man davon aus, dass es ein Zeichen mangelnder Intelligenz sei, wenn ein Kind nicht sprechen könne. Heute weiß man, dass die sprachliche Entwicklung kein Abbild der geistigen Fähigkeiten sein muss. Im Gegenteil bringen neuere Forschungen Hinweise, dass auch mutistische Menschen, also solche ohne aktive Sprache, eine normale Intelligenzentwicklung haben können.

Sprechen – aber anders als normal

Kinder im Autismus-Spektrum, die sprechen lernen, weisen in ihrem Sprachgebrauch häufig charakteristische Besonderheiten auf. Typisch sind Phänomene wie die Echolalie (das direkte oder verzögerte Nachsprechen von Wörtern oder ganzen Sätzen), das Vertauschen von Fürwörtern oder die Bildung von Wortneuschöpfungen, sog. Neologismen.

Ein Problem einiger autistischer Kinder ist es, Gegenstände korrekt zu benennen. Woher weiß man, dass ein Ball »Ball« heißt und nicht »Apfel«? Kinder lernen das in der Regel durch ihre Bezugspersonen über den Mechanismus der »geteilten Aufmerksamkeit« (joint attention). Joint attention bedeutet, dass die Kleinen die Blickrichtung der Bezugsperson beobachten, wenn Vater oder Mutter von einem Ball oder eben einem Apfel sprechen. Das Kind erkennt, dass die Bezugsperson, wenn sie auf ein rundes, aromatisch riechendes Objekt in der Obstschale schaut, »Apfel« sagt, und »Ball«, wenn sie sich dem runden Spielzeug auf dem Boden zuwendet. Ohne einen festen Bezug zu einem anderen Menschen ist das sinnvolle Erlernen von Begriffen schwierig. Da dieser Bezug bei autistischen Kindern sehr oft fehlt, treten Schwierigkeiten auf, die Gegenstände bei ihrem richtigen Namen zu benennen. Ähnlich verhält es sich mit den persönlichen Fürwörtern. Diese verwechseln viele Kinder im Autismus-Spektrum. Gerade der Gebrauch des Wörtchens »ich« kann schwerfallen. Weiterhin treten manchmal erstaunlich kreative Wortneuschöpfungen (Neologismen) auf wie etwa »Handläufer« für Treppengeländer. Mit der Klasse nach ähnlichen Kreationen zu suchen, kann ein Vorschlag für eine kreativ gestaltete Deutschstunde sein.

2.7.3 Beziehung zu anderen/Freunden

> Freunde? Braucht Tobias eigentlich nicht. Außerdem hat er doch längst welche: Sind denn etwa die Jungen, die er in der Schule die Hausaufgaben abschreiben lässt, keine Freunde? Und dieser kleine Junge, dem er neulich geholfen hat, als sein Fahrrad einen Platten hatte, der ist auch ein Freund.
> Tobias ist ein Einzelgänger. Als Baby saß er in den Krabbelstunden mit anderen Kindern vergnügt, aber völlig isoliert in einer Ecke. Im Kindergarten puzzelte er solange, bis die Kindergärtnerinnen meinten, es sei mal Zeit, etwas anderes auszuprobieren.

2.7 Wie macht sich Autismus im Verhalten bemerkbar?

> Manchmal, wenn Tobias Kinder sieht, die etwas zusammen machen, denkt er, dass er vielleicht nicht ganz normal ist. Ist es schlimm, lieber alleine zu sein als in Gesellschaft?

Die meisten Menschen werden als soziale Wesen geboren. Schon frisch geborene Säuglinge nehmen gleich Kontakt zu ihren Eltern auf. Babys kommunizieren erst hauptsächlich über die Augen mit anderen, dann schon bald, indem sie versuchen, die Blicke oder Laute der Eltern zu imitieren. Das Bedürfnis, erkannt zu werden und die Liebe von Menschen um sich zu wissen, ist sehr stark.

Kinder im Kindergarten- und Schulalter haben das Bedürfnis, mit anderen Kindern zusammen zu sein. Sie spielen miteinander, lachen zusammen, kuscheln sich aneinander, manchmal balgen und streiten sie auch. Mit all diesen Tätigkeiten lernen sie, was es bedeutet, sozial zu agieren.

Kinder im Autismus-Spektrum machen dabei fast nie mit. Der Hauptgrund ist simpel: Sie haben in der Regel gar kein Interesse, mit anderen etwas zusammen zu machen. Ihnen fehlt ein Bedürfnis nach Geselligkeit. Sie sind lieber alleine für sich und drehen einsam ihre Kreise.

Das merken Eltern schon früh an verschiedenen Zeichen. Sie spüren, dass die Kinder am zufriedensten sind, wenn sie alleine sind. Versuchen die Eltern, Kontakt mit diesen Kindern aufzubauen, ist das ernüchternd. Der Nachwuchs zeigt kaum Freude, wenn die vertraute Person sich ihm nähert. Oft ist es fraglich, ob das Kind die eigenen Eltern überhaupt erkennt. Das autistische Kind zeigt auch im Alltag kaum Interesse an Menschen. Vielmehr erwecken bestimmte, vorzugshalber mechanische Objekte sein Interesse.

Zu bestimmten kommunikativen und sozialen Vorgängen scheinen Kinder im Autismus-Spektrum oft kaum in der Lage zu sein. Normalerweise findet ein stetes Wechselspiel zwischen Eltern und Kind mit einem gegenseitigen Imitieren statt. Beginnen kann das, indem die Eltern einen Gesichtsausdruck, einen Laut oder eine Geste vormachen und das Kleine mit großem Spaß das Gezeigte nachmacht. Vergleichbares beobachtet man bei autistischen Kindern viel seltener. Sie machen selbst einfachste Bewegungen wie ein Lächeln oder ein Winken mit den Händen kaum nach.

Auch Körperkontakt lehnen diese Kinder am liebsten ab. Sie strecken den Eltern fast nie die Ärmchen entgegen, um hochgenommen zu werden. Körperkontakt ist etwas, das sie nicht als schön empfinden und daher auch nur widerwillig über sich ergehen lassen. Bezugspersonen erkennen das früh daran, dass sich die Kinder auf ihren Armen ganz steif machen. Selten mal schmiegt sich ein autistisches Kind an seine Eltern an, selten passt es sich in seiner Haltung an die Armbewegungen der Eltern an.

Bei Kleinkindern fällt auf, dass diese kaum ein Interesse haben, die Aufmerksamkeit der Eltern zu erregen. Bei normalen Kindern ist es typisch, dass diese gerne die Aufmerksamkeit der Eltern auf sich lenken, indem sie zum Beispiel Gegenstände oder selbst Gemachtes wie ein Bild oder eine Bastelarbeit zu ihnen schleppen. Auch lassen sie Eltern an der eigenen Freude lebhaft teilhaben.

Kinder im Autismus-Spektrum ziehen sich hingegen zurück. Sie wirken zunehmend in sich selbst versunken und lassen niemanden aus der Außenwelt an ihrer

Welt teilhaben. Für Eltern sind das sehr belastende, traurig machende Erfahrungen. Sie sehen ihr Kind vor sich, haben aber kaum das Gefühl, es wirklich zu erreichen. Das Kind erscheint – wie schon sprichwörtlich geworden – als säße es unter einer Glasglocke. Kontakt zu ihm aufzubauen, ist oft unmöglich. Die selbst erzeugte Isolation ist ein deutliches Zeichen des Autismus.

Obwohl diese Zurückgezogenheit für Eltern belastend ist, kann doch zur Beruhigung gesagt sein, dass die Kinder selbst in der Regel diesen Zustand nicht als beängstigend oder unangenehm empfinden. Die meisten Menschen im Autismus-Spektrum leiden nicht, wenn sie alleine sind, und kommen gut mit der Einsamkeit zurecht. Viele bevorzugen sogar diese Art zu leben. Entsprechend gering ist das Bedürfnis nach Freunden.

Interaktion mit anderen – drei Typen

Experten unterscheiden klassisch drei verschiedene Störungstypen im Sozialverhalten von autistischen Kindern. Diese Einteilung nach Wing und Gould (1979)[6] differenziert zwischen »zurückgezogen«, »passiv« sowie »aktiv, aber seltsam«. Die folgenden, erfundenen Beispiele stellen die drei Typen vor, indem sie die Merkmale in überspitzter Form darstellen:

Paul ist in seinem Sozialverhalten der Untergruppe »zurückgezogen« zuzuordnen. Er hält sich meistens abseits von anderen auf und ergreift nie die Initiative, um eine Beziehung herzustellen. Kontakte geht er höchstens dann ein, wenn er ein bestimmtes Bedürfnis befriedigen möchte. Dann sucht er aber eher Erwachsene als andere Kinder auf.

Im Kindergarten und in der Schule fällt auf, dass er wenig Interesse an Gleichaltrigen zeigt. Ein wechselseitiger Austausch mit anderen Kindern findet fast nie statt, ebenso bleiben gemeinsame Aktivitäten aus. Paul interessiert sich nicht für das, was die Gleichaltrigen interessiert. Blickkontakte meidet er völlig. In seinem Verhalten fallen außerdem Stereotypen und immer gleiche Bewegungsabläufe auf.

Janine verhält sich in sozialen Situationen »passiv«. Sie nimmt selten spontan mit anderen Kontakt auf. Wenn jemand versucht, Kontakt zu ihr aufzubauen, lässt sie dies aber meistens zu. Das gilt sowohl für Kinder als auch für Erwachsene. Janine weist andere Menschen selten aktiv zurück, zeigt aber kaum Freude oder Interesse an einer sozialen Interaktion mit anderen.

Ihre Sprache setzt Janine kommunikativ ein. Ab und zu verwendet sie Echolalien als Kommunikationsmittel. Gesagtes zu wiederholen, ist für sie ein Mittel, ein Gespräch am Laufen zu halten oder zu initiieren. Da Janine andere nicht aktiv zurückweist, ermutigt ihr passives Verhalten manchmal Kinder, Kontakt zu ihr aufzubauen.

---

6 Wing, Lorna / Gould, Judith: Severe impairments of social interaction and associated abnormalities in children: Epidemiology and classification. In: Journal of Autism and Developmental Disorders 1979; 9: 11–29.

2.7 Wie macht sich Autismus im Verhalten bemerkbar?

Eva beschreiben Beobachter in ihrem sozialen Verhalten als »aktiv, aber seltsam«. Das Mädchen geht spontan auf andere zu und baut bevorzugt zu Erwachsenen Kontakte auf. Andere Kinder scheinen für Eva dagegen wenig interessant zu sein.

Eva liebt es, in ihren Interaktionen fortlaufend von ihrem leidenschaftlich betriebenen Hobby »Grashüpfer« zu erzählen. Oft wiederholt sie sich dabei und erzählt ihrem Gesprächspartner dasselbe noch einmal. Zu einem anderen Zeitpunkt löchert sie ihn mit unaufhörlichen Fragen, die sich häufig darum drehen, warum denn Grashüpfer nicht sprechen können. Wechselseitig ist ein Gespräch mit Eva meistens nicht. In eingeschränktem Maße kann sie Sprache kommunikativ anwenden. Schwer fällt es Eva, selbst zuzuhören und den anderen ausreden zu lassen. Der Inhalt eines Gesprächs oder dessen Ergebnis ist Eva nicht wichtig. Für sie ist von Bedeutung, dass sie in den immer gleichen Worten erzählen kann, wie sie im letzten Sommer mit dem Vater auf einer Wiese Grashüpfer gefangen hat.

Häufig ist es so, dass Kinder, die eine stärkere Ausprägung des Autismus haben, soziale Kontakte eher ablehnen. Je kommunikativer Kinder sind, desto schwächer ist in der Regel ihr Autismus ausgeprägt und ihre intellektuellen Fähigkeiten sind oft eher hoch.

Entwicklungsrückschritt in Sachen Freundschaft

Im direkten Zusammensein mit anderen Kindern zeigt sich deutlich, dass das autistische Kind so gut wie gar nicht auf sie eingehen kann. Verbindende soziale Verhaltensweisen wie eine gegenseitige Imitation bleiben meist aus. Kinder im Autismus-Spektrum selbst erleben Kindergruppen zumeist als belastend und eher unangenehm. Das unvorhersehbare, unkontrollierte und unstrukturierte Verhalten der anderen kann Angst machen.

Erst wenn die Kinder älter werden und in die Pubertät kommen, können sie ein Interesse an anderen Menschen entwickeln. Dann kommt auch häufig der Wunsch auf, einen Freund bzw. eine Freundin zu haben. Das erweist sich zumeist als schwierig. Während Gleichaltrige schon seit frühester Kindheit gelernt haben, mit anderen Kindern Kontakte aufzubauen, und sich im sozialen Bereich geschult und weiterentwickelt haben, hat das autistische Kind sich in diesem Bereich wenig oder gar nicht entwickelt. Entsprechend stehen ihm jetzt auch kaum wirksame Mittel zur Verführung, um Beziehungen und Nähe aufzubauen.

Gehen autistische Kinder »Freundschaften« zu anderen ein, kann das wohltuend für sie sein – es kann aber auch problematisch werden. Da nämlich die Kinder im Sozialverhalten ungeschickt und noch unerfahren sind, werden sie entweder leicht zu Opfern oder reagieren überimpulsiv und mit Gewalt. Sie können weder mit Konflikten umgehen, noch wissen sie sich zu helfen, wenn sie gehänselt oder gemobbt werden. Spielerisches Necken erkennen sie nicht, sodass es zu völlig unangemessenen, übertriebenen Reaktionen kommen kann. Das Kind mag dann aus Unsicherheit wild um sich schlagen und unter Umständen andere ernsthaft verletzen. Verstehen kann man das Verhalten, wenn man sich vor Augen hält, dass das

Kind im Autismus-Spektrum viele Situationen einfach nicht richtig einschätzen kann. Es mag sich schneller als nötig ernstlich bedroht und in die Enge getrieben fühlen. Aggressionen und Gewalt sind manchmal seine einzigen Mittel, auf Angst machende oder verwirrende soziale Situationen zu reagieren. Ein weiteres Problem ist die Naivität der Kinder, mit der sie an alles herangehen. Sie fassen zu schnell Vertrauen zu anderen, sind zu leichtgläubig und können auch dadurch in missliche Lagen geraten. Es kommt vor, dass andere Kinder diese Schwäche ausnutzen und das Kind zu Streichen oder anderem Fehlverhalten anstiften. Wenn die Bestrafung erfolgt, ist das für das Kind unverständlich: Es hat ja nur das getan, was alle anderen so gut fanden und zu dem sie es immer wieder aufgefordert haben. »Du musst das tun, das ist gut so«, kann für die Kinder eine unwiderstehliche Aufforderung zum Handeln sein. Oft leider zu ihrem Nachteil.

Auch wenn sich freilich jedes autistische Kind seinen Mitmenschen gegenüber anders verhält, lassen sich doch einige charakteristische Züge formulieren. Bei folgenden Personengruppen, mit denen das Kind in Kontakt steht, könnte das wie folgt aussehen:

Die engste Familie

Die Bindung zu den engsten Familienangehörigen, also den Eltern und den Geschwistern, kann intensiv sein. Viele der Kinder haben gerade in der Familie ein verstärktes Bedürfnis nach Nähe. Es gibt aber auch Kinder, die kaum eine richtige Bindung zu ihren Eltern aufbauen können.

Geschwister können sehr wichtig sein. Sie sind die ersten anderen Kinder, zu denen das Kind im Autismus-Spektrum eine Beziehung aufbauen muss. Oft gibt es in Familien mit mehreren Kindern aber auch Probleme. Da das autistische Kind mehr Zuwendung und Unterstützung vonseiten der Eltern benötigt als die anderen Kinder, kann es zu Eifersucht und Konkurrenzkämpfen kommen.

Weitere Familienangehörige

Auch zu den Großeltern, einer bestimmten Tante oder einem Onkel sind enge Beziehungen möglich. Häufig ist es aber auch so, dass ein Kind im Autismus-Spektrum für viele Verwandte unerreichbar bleibt. Sie verbringen nicht genug Zeit mit dem Kind, um in dessen Welt vorzudringen und eine engere Bindung zu ihm aufzubauen.

Mit vielen Verwandten kann es zu Missverständnissen kommen, zumal, wenn diese das Kind nicht richtig einschätzen können. Sie mögen sich ärgern, wenn es sich nicht sichtbar über Geschenke oder Zuwendungen freut und weder Anteil noch Interesse an ihren Erlebnissen und Erzählungen zeigt.

Freunde der Eltern/Nachbarn

Freunde, Bekannte und Nachbarn erleben das autistische Kind häufig als unerzogen und unhöflich. Sie wissen häufig gar nicht oder nur am Rande, was mit dem Kind los ist, und können sein Verhalten nicht richtig deuten. Den Eltern kann eine Art soziale Isolation drohen. Sie müssen sich sehr um das autistische Kind kümmern und wagen oft nicht, es einmal alleine zu lassen. Viele trauen sich nicht, das Kind zu Verabredungen mitzunehmen, da es unberechenbar, bisweilen sogar aggressiv reagieren kann, wofür viele Freunde kein Verständnis haben.

Lehrer und Lehrerinnen

Für Lehrkräfte sind Schüler im Autismus-Spektrum besondere Herausforderungen. Im Unterricht sind die Kinder häufig unkonzentriert oder desinteressiert, einige stören und lenken Mitschüler ab. Wieder andere autistische Schüler sind ganz in sich zurückgezogen und leiden unter Mobbing-Attacken vonseiten ihrer Mitschüler. Lehrer kennen das Kind in der Regel besser als viele seiner entfernten Angehörigen, da sie täglich etliche Stunden mit ihm verbringen. Eine besondere Beziehung zu ihm aufzubauen, ist trotzdem eine Kunst, die nicht immer gelingen kann.

Fremde

Die Schwierigkeit autistischer Kinder, Kontakte einzugehen, zeigt sich besonders offensichtlich gegenüber Fremden. Von sich aus kann das Kind kaum angemessen einen Kontakt herstellen. Es mag im Gegenteil durch unangepasste Äußerungen oder seine rigide und unablässig verfolgten Lieblingsthemen überraschen, erstaunen oder verärgern. Ein Beispiel kann ein Kind sein, das den Postboten mit Fakten zu Eisenbahnen förmlich »zutextet«.

In der Öffentlichkeit mögen viele Kinder im Autismus-Spektrum als unerzogen, frech, laut und aufsässig erscheinen. Es sieht so aus, als hätten die Eltern ihre Kinder nicht im Griff. Kommentare von Außenstehenden, dass die Eltern in der Erziehung versagt hätten, verletzen und verstärken Eltern in der eigenen Unsicherheit.

2.7.4 Umgang mit Gefühlen

Tobias hat seine Gefühle selten unter Kontrolle. Wenn er erregt ist, neigt er zum Jähzorn. Der Junge rast wütend umher, kann Gegenstände beschädigen und geht im schlimmsten Fall auf andere los. Auch Selbstverletzungen kommen vor.

Die Auslöser für Tobias' Wut sind ganz unterschiedlich, teils vorsehbar, dann sind es wieder unberechenbare Kleinigkeiten, die ihm in seiner Welt verquer kommen.

Ebenso typisch für Tobias sind Angstattacken. Die Eltern leiden unter dem unkontrollierbaren Verhalten ihres Sohnes.

Jeder kennt es, dass ihn seine Gefühle übermannen können. Bei Wut sind die Reaktionen besonders ausgeprägt: Der eine schreit herum, ein anderer bricht in Tränen aus, wieder ein anderer schlägt wortlos die Tür hinter sich zu oder tritt erst mal gegen den nächsten Abfalleimer. Es ist normal, dass sich jeder ab und zu von seinen Gefühlen mitreißen lässt. Bei Kindern ist es so, dass sie ihre Gefühle meist weniger als Erwachsene unter Kontrolle haben. Bei Kindern im Autismus-Spektrum kann das extrem sein. Sie handeln oft rein affektgesteuert und lassen sich von plötzlichen Impulsen leiten. Typisch sind Ausbrüche von Jähzorn, plötzliches aggressives Verhalten, unerklärliches Gelächter oder ebenso unerklärliche Tränen. In Situationen hingegen, in denen Eltern oder Lehrer bestimmte Gefühle erwarten würden, bleiben diese aus. So mag ein autistisches Kind wunderbare Freude dabei empfinden, mit seinen alten Spielzeugautos immer wieder eine Rampe herabzufahren, freut sich aber überhaupt nicht über die vielen neuen Geschenke zu seinem Geburtstag.

> **Die Schwierigkeit, auf Gefühle zu reagieren**
>
> Wenn ein autistisches Kind traurig ist, ist es oft nur schwer zu trösten. Übliche Mittel wie Körperkontakt, beruhigende Worte oder ein kleines Geschenk scheinen in ihrer Wirkung an ihm abzuperlen. Umgekehrt kann das Kind kaum adäquat auf die Gefühle anderer eingehen.

Mit den Gefühlen eines autistischen Kindes umzugehen, stellt alle Bezugspersonen vor Herausforderungen. Besonders gefürchtet sind die Wutausbrüche. Diese können verschiedene Ursachen haben. Oft ist es eine Überforderung mit der gegebenen Situation. Das kann sein, wenn Mitmenschen wie etwa Lehrer zu viel von dem Kind im Autismus-Spektrum erwarten oder äußere Umstände wie plötzliche Veränderungen in seinem Umfeld für Verwirrung sorgen. Besonders kleinere Kinder kommen nicht damit zurecht, wenn sich in ihrem gewohnten Umfeld Dinge ändern, zum Beispiel eine Mahlzeit anders gestaltet ist, in der Klasse eine neue Sitzordnung gilt oder sie auch nur mit einem anderen Stift als dem gewohnten schreiben müssen.

Völlig unkalkulierbar ist das Angstempfinden eines Kindes im Autismus-Spektrum. Häufig können harmlose Alltagserscheinungen wie eine Toilettenspülung oder eine Bohrmaschine Angst auslösen. Hingegen spüren viele Kinder angesichts realer Gefahren wie einer stark befahrenen Straße keine Furcht. Das gilt es auch für Lehrer zu beachten, wenn sie mit der Klasse unterwegs sind.

Ein weiteres elementares Gefühl ist Freude. Kleine Überraschungen, gemeinsame Unternehmungen oder ein neues Spielzeug bereiten den meisten Kindern Freude. Nicht so dem autistischen Kind. Diese Dinge können ihm sogar Angst machen und stoßen eher auf Ablehnung, als dass sie Zeichen der Freude hervorlocken könnten. Freuen können sich Kinder im Autismus-Spektrum hingegen häufig über alltägliche Dinge wie Ruhe oder einen eingehaltenen Ablauf. Ebenso genießen es die meisten Menschen im Autismus-Spektrum, wenn sie ihrem Spezialinteresse nachgehen können. Bei Kindern kann das bedeuten, dass sie wochenlang täglich Stunden über Stunden höchst vergnügt mit Legobausteinen spielen oder ihre Sammlung von bestimmten Dingen ordnen wollen.

Wie Freude gehört auch Trauer zum Leben dazu. Für die meisten ist das Gefühl von Trauer mit großen Verlusten verbunden wie etwa dem Tod eines lieben Menschen. Bei vielen Menschen fließen dann Tränen. Wie trauern autistische Kinder? Können sie überhaupt Trauer empfinden? Ja und nein. Es kann sein, dass selbst ältere Kinder noch gar nicht richtig begreifen, was »Tod« bedeutet. Auch haben viele nur zu wenigen Menschen eine wirklich enge Beziehung. Der Tod eines ferneren Verwandten kann dann – so hart es auch klingt – kaum interessieren.

Autismus und Liebe sind zwei Pole, die sich für viele Menschen zu widersprechen scheinen. Tatsächlich haben selbst Fachleute es lange autistischen Menschen abgesprochen, Gefühle wie Liebe und Zuneigung empfinden zu können. Heute gilt es jedoch als erwiesen, dass auch Menschen im Autismus-Spektrum lieben können und sogar zu bestimmten Arten von Mitleid, das ja Empathiefähigkeiten, also Einfühlungsvermögen, voraussetzt, fähig sind.

Große Probleme haben Menschen im Autismus-Spektrum jedoch, wenn sie Gefühle bei anderen erkennen sollen. Doch auch hier sind Fortschritte, selbst bei den Kleinsten, möglich. Britische Wissenschaftler haben beispielsweise mit bestimmten Trickfilmen, in denen Emotionen dargestellt sind, Erfolge bei kleinen Kindern erzielen können. Das besondere an diesen Trickfilmen ist, dass nicht Menschen, sondern Eisenbahnen, Traktoren und Autos mit menschlichen Gesichtern die Gefühle zeigen. Autistische Kinder mit Vorliebe für Maschinen können dadurch einen besseren Zugang zum eigenen Gefühlsaudruck finden.

2.7.5 Spielverhalten

Im Kindergarten saß Tobias am liebsten an dem immer gleichen Tisch in einer geschützten Ecke und legte Puzzles. Auf diese Weise ließ sich die Zeit für ihn einigermaßen erträglich überstehen. Gestört hat ihn nur, dass die anderen Kinder so laut waren, herumschrien und nie stillsitzen konnten. Unerklärlich war für ihn, warum immer wieder eine der Kindergärtnerinnen zu ihm kam und ihn nötigen wollte, mit den anderen Kindern zu spielen. Alleine war es doch viel schöner.

Dass Kinder gerne zusammenspielen und man überhaupt Dinge gemeinsam machen kann, hat Tobias erst viel später erkannt. Verstehen, was daran so schön sein soll, kann er bis heute nicht.

Die meisten autistischen Kinder finden in ihren eigenen, ganz persönlichen Spielen große Erfüllung. Diese Spiele erscheinen anderen Kindern und Erwachsenen als wenig verlockend. Sie können nicht verstehen, warum ein Kind tagelang nur einen bunten Kreisel drehen mag oder es genießt, pausenlos mit der Hand über bestimmte Flächen zu fahren. Auch bestimmte Gegenstände oder Vorgänge können das Kind faszinieren. Es gibt Kinder im Autismus-Spektrum, die stundenlang auf eine Drehtür starren können, andere lieben es, den Wassertropfen zuzusehen, die aus einem undichten Hahn tröpfeln.

Viele dieser monotonen und stereotypen Tätigkeiten wirken sich auf das Kind beruhigend aus. Es kann entspannen, da jede Aktion absolut vorhersehbar ist. Es kann alles jederzeit kontrollieren. Diese absolute Kontrolle ist auch einer der Gründe, warum das Kind Spiele bevorzugt, die es alleine machen kann. Andere Kinder bedeuten Änderungen im Spielablauf, Überraschungen, kurz gesagt Unberechenbarkeit und Kontrollverlust.

Typische Spiele mit anderen Kindern – Rollenspiele oder Fantasiespiele – kommen kaum vor. Schon die Anforderungen an die Vorstellungskraft und Fantasie, die solch ein Spiel an Kinder stellt, können autistische Kinder überfordern. Ganz zu schweigen von den sozialen und kommunikativen Voraussetzungen, über die sie in der erforderlichen Weise oft nicht verfügen.

Statt mit anderen »realen« Kindern spielen manche Kinder im Autismus-Spektrum mit unsichtbaren Freunden. Diese sind absolut berechenbar, quasi auf Knopfdruck da und wieder weg und unterliegen vollkommen der Kontrolle des Kindes. Autistische Kinder, die doch einmal mit anderen Kindern spielen wollen, wählen dazu häufig jüngere. Diese akzeptieren es eher als »Boss« und lassen es meist bestimmen. Anders wäre ein Spiel mit dem Kind auch kaum möglich.

In der Schule beachten Lehrer daher, dass Spiele mit einem autistischen Kind schwierig sein können. Im Gegensatz zu anderen, gerade jüngeren Kindern, denen man mit besonderen Aktionen wie eben einer Spielstunde eine Freude bereiten kann, ist diese Planänderung für Schüler im Autismus-Spektrum meist nur unerwünschter Stress. Möchte man ein autistisches Kind an das gemeinsame Spielen mit anderen heranführen, so können sich dazu Spiele mit festen Regeln wie Schach, Quizspiele oder Brettspiele als besonders günstig erweisen. Diese Spiele bringen in der Regel wenig Überraschungen und Unvorhersehbares mit sich.

2.7.6 Spezialinteressen

> Tobias liebt Comics. Das hat er mit vielen anderen Jungen gemeinsam, auch wenn diese meistens einige Jahre jünger sind als der Vierzehnjährige. Bei Tobias ist aber noch mehr als das Alter anders. Er lernt ganze Comichefte auswendig und zeichnet sie nach.
>
> Sein »Schatz« ist seine Sammlung an Donald-Duck-Heften aus den 1960er Jahren. Die Hefte liegen penibel nach Datum sortiert in Kartons in seinem Regal. Tobias duldet es nicht, dass jemand anderes als er eines herausnimmt oder nur anfasst. Tobias ist der einzige, der in den Comics lesen darf. Der Junge ist sicher, dass andere Menschen nur Eselsohren hineinbringen oder die Hefte beschädigen würden.

Viele Menschen haben ein Hobby und gerade Kinder können diesem phasenweise ganz begeistert nachgehen. Bei den meisten Kindern wird es aber oft schon nach wenigen Tagen wieder uninteressant und sie suchen nach neuen Beschäftigungen. Bei Menschen im Autismus-Spektrum ist das anders. Sie können Monate, ja manchmal sogar Jahre an einem Interesse festhalten und gehen dem mit der immer gleichen, geradezu fanatischen Begeisterung nach. Dieses Spezialinteresse ist Leidenschaft, Freude und Sucht zugleich für die Betroffenen. Viele können es sich nicht vorstellen, darauf auch nur einen Tag lang verzichten zu müssen. Es bringt ihnen Ruhe und Erfüllung, diesem speziellen Thema nachzugehen.

Die Spannbreite an Spezialinteressen ist so weit, wie autistische Menschen unterschiedlich sind. Von der Schminkleidenschaft bei Frauen über die Liebe zu Raupen bei Kindern bis hin zu Interessen wie Weltraum, Modellbaukästen oder Eisenbahnen kann fast alles Denkbare darunter sein.

Außenstehenden mag das gewählte Thema wie im extremen Fall das Auswendiglernen von Fahrplänen als nutzlos erscheinen. Angesichts des hohen Maßes an Befriedigung, das Menschen im Autismus-Spektrum durch die bloße Beschäftigung damit gewinnen, erscheint diese Beurteilung aber als übereilt. Hat denn nicht schon diese Erfüllung einen Wert an sich? Bei Kindern können Eltern und Lehrer das Spezialinteresse überdies ausnutzen, um dem Kind bei seiner Entwicklung bzw. dem Lernen zu helfen. So kann man dem Kind versprechen, dass es sich besonders lang mit seinem Spezialinteresse befassen darf oder ein ersehntes Geschenk zu diesem Thema bekommt, wenn es sich einer anderen Aufgabe oder Herausforderung erfolgreich angenommen hat. Im Unterricht ist es möglich, Wissen über das Spezialthema zu vermitteln. Dazu später mehr.

2.7.7 Unruhe und übermäßige Aktivität

> Tobias kann sich nie lange konzentrieren. Auch das Stillsitzen ist für ihn eine Qual. Ständig sind seine Hände oder Beine in Bewegung. Manchmal packt ihn der Drang, aufzuspringen und durch die Wohnung oder das Klassenzimmer zu laufen. Zu Hause könnten seine Eltern das noch tolerieren. In der Schule ist dieses Verhalten hingegen absolut fehl am Platz.

Bei autistischen Menschen können Symptome auffallen, die an das Aufmerksamkeitsdefizit-Hyperaktivitäts-Syndrom (ADHS) erinnern. Ebenso wie Menschen mit ADHS kann es auch Menschen im Autismus-Spektrum schwerfallen, ihre Aufmerksamkeit längere Zeit aufrechtzuerhalten. Erzählt etwa eine Person ausführlich von einer Sache, die nicht ihr absolutes Interesse betrifft, fällt es ihnen noch schwerer als neurotypischen Menschen, trotzdem zuzuhören. Oft gleiten sie auch im Alltag in ihre eigene Welt ab und nehmen um sich herum kaum noch etwas wahr.

Sehr auffallend kann die gestörte Impulskontrolle sein. Viele autistische Kinder – und auch noch viele Erwachsene – müssen jedem Impuls sofort nachgeben und können Wutanfälle bekommen, wenn jemand sie daran hindern will. Solche Impulshandlungen bedeuten zum Beispiel, dass das Kind plötzlich vom Schulpult aufspringt, es mitten in einer Tätigkeit aufhört und etwas anderes beginnt oder plötzlich den Drang hat, auf die Straße zu laufen, obwohl noch Autos kommen.

Immense Schwierigkeiten treten häufig auch in der Selbstorganisation auf, für die man ein bestimmtes Maß an Selbstdisziplin und Selbstständigkeit benötigt. Eine Beeinträchtigung darin macht sich bei vielen Alltagshandlungen bemerkbar und geht weit über eine normale »Schusseligkeit« oder Nachlässigkeit hinaus. Eltern klagen darüber, dass sie selbst bei älteren Kindern noch jeden Tag kontrollieren müssen, ob diese auch alles Wichtige für den Schultag eingepackt haben. Jeder

Schüler kann mal sein Sportzeug vergessen – doch manches autistische Kind würde von alleine wohl nie daran denken. Auch Dinge wie Nahrungs- und Flüssigkeitsaufnahme müssen manche Eltern kontrollieren. Das kann auch in der Schule ein Problem werden. Da manche Kinder kein Hunger- oder Durstgefühl kennen, können sie unterernährt sein, wenn andere sie nicht ständig ans Essen und Trinken erinnern würden.

Die Kinder können zappelig und unruhig sein. In der Schule mögen sie aufspringen und unkontrolliert herumlaufen wollen, auch wenn sie eigentlich stillsitzen müssen. Sie rutschen oft auf ihrem Stuhl unentwegt hin und her, scharren mit den Füßen oder zappeln mit den Gliedmaßen. Das alles stört.

Eine allgemeine motorische Unruhe kann sich auch in stereotypen Bewegungen äußern. Gerade diese können bei autistischen Menschen zu einem großen Leidensdruck werden, da ständige, flatternde Bewegungen in der Gesellschaft auf Ablehnung stoßen. In der Schule lachen die Mitschüler. Auch die soziale Anpassung ist dadurch erschwert.

Die Unruhe betrifft auch das Innere. Können Menschen im Autismus-Spektrum nicht ihrem Spezialinteresse nachgehen und müssen stattdessen etwas »absitzen«, das sie langweilt, spüren sie eine schier unerträgliche Nervosität, es kribbelt ihnen praktisch im ganzen Körper.

Eine übermäßige Aktivität kann auch das Reden betreffen. Ein autistischer Mensch ist in seinem Rededrang kaum zu stoppen.

> Die Ähnlichkeiten und Überschneidungen zwischen einigen ADHS- und Autismus-Symptomen sind noch Gegenstand der Forschung. Bekannt ist, dass ADHS und Autismus als jeweilige Komorbidität voneinander auftreten können. Ist (auch) ein ADHS diagnostiziert, kann ein Arzt entscheiden, ob Medikamente wie Methylphenidat helfen können. Da die gängigen Wirkstoffe gegen ADHS unter das Betäubungsmittelgesetz fallen, sollten sie nicht leichtfertig verordnet werden. Auch sind die Langzeitfolgen vieler dieser Medikamente unbekannt. Zu beachten ist, dass Autismus und ADHS zwei verschiedene Störungsbilder sind. Sie können, müssen aber nicht zusammenfallen.

Längst nicht alle autistischen Menschen sind hyperaktiv. Es gibt auch genügend, die ganz im Gegenteil äußerst gemächlich sind und eher ein Defizit an Aktivitätsdrang aufweisen. Ihnen fällt es schwer, überhaupt in Aktion zu treten. Sie können dadurch auffallen, dass sie alles schleppend machen und sogar auffallend langsam sprechen.

Tony Attwood beschreibt sogar Parkinson-ähnliche Symptome mit einfrierenden Bewegungen (»Stupor«), einem Zittern in Ruheposition (»Tremor«) sowie Muskelsteifigkeit (»Rigor«).[7] Auch Probleme beim Beginnen und Beenden von Bewegungen kommen vor, ebenso können ein ausdrucksloses, maskenhaftes Gesicht und ein schlurfender Gang an einen Parkinson-Patienten erinnern. Attwood sagt, dass dabei meist zwischen dem 10. und 19. Lebensjahr eine Verschlechterung eintrete,

---

7 Attwood, Tony: Ein ganzes Leben mit dem Asperger-Syndrom. Alle Fragen – alle Antworten. Stuttgart 2008. S. 319.

also genau in jenen Jahren, in die auch der Großteil der Schulzeit fällt. Die Ursachen seien noch unbekannt.

Extreme Bewegungsunfähigkeit ist bei Menschen im Autismus-Spektrum zu beobachten, die nicht selbstständig kommunizieren können. Oft hilft es hier, wenn ein Helfer Bewegungen initiiert, indem er die Hand oder andere Körperteile führt oder drückt. Bei sehr auffälligen Symptomen sollte das Kind einem Neurologen vorgestellt werden.

Welcher Art die Aktivitätsstörungen auch immer sind, sie können zu vielen schulischen Problemen führen. Für Lehrer ist es wichtig, zu wissen, dass entsprechende Auffälligkeiten Ausdruck des Autismus und damit Teil des Syndroms sind.

3 Gute Rahmenbedingungen schaffen

3.1 Was wissen Lehrer über Autismus?

> Als Tobias eingeschult wurde, war das Wissen des Lehrpersonals in seiner Grundschule zum Thema Autismus äußerst begrenzt. Viele Lehrer hatten Vorurteile. Einige wollten auch gar nicht glauben, dass Tobias tatsächlich Autismus, da in ihrer Vorstellung Autisten wie Rainman zu sein hatten. Am Gymnasium hatte Tobias das Glück, in die Klasse einer Lehrerin zu kommen, die einen Fall von Asperger-Syndrom aus ihrer Familie kannte. Bei ihr findet Tobias viel Verständnis.

Was wissen Lehrer über Autismus? Angesichts der Tatsache, dass mit Sicherheit jedem Lehrer in seiner Laufbahn Kinder im Autismus-Spektrum begegnen werden, ist diese Frage durchaus berechtigt. Eine Forschungsgruppe aus Berlin, die Autismus-Forschungs-Kooperation (AFK), hat sich dieser Frage angenommen. Die AFK selbst ist eine besondere Forschungsgruppe, da Menschen im Autismus-Spektrum mit Wissenschaftlern der Humboldt-Universität zu Berlin zusammen forschen. Ziel der 2008 gegründeten AFK ist es, Fragen gemeinsam zu erforschen, die aus der Perspektive autistischer Menschen relevant sind. Die Gruppe stellt hilfreiche Flyer zu Autistmus in der Schule und anderen von ihr untersuchten Themen im Internet zur Verfügung.[8]

Um Daten zum Kenntnisstand des Lehrpersonals an Schulen zum Autismus zu gewinnen, verschickte die AFK Fragebögen an Lehrer. Als Vergleichsgruppe füllten auch Autismus-Experten die gleichen Fragebögen aus. Mithilfe der Fragebögen ermittelte die AFK das Wissen über Autismus bezüglich Diagnosekriterien, Stärken der Betroffenen und was die Teilnehmer unter dem Asperger-Syndrom verstehen. Außerdem baten die Forscher um eine Schätzung zur Prävalenz von Autismus. Des Weiteren wurden persönliche Eigenschaften (z. B. Toleranz, Empathie) der Befragten und die Bewertungen autismusspezifischer Verhaltensweisen (z. B. weniger Blickkontakt) ermittelt.

Die Ergebnisse der Studie waren eindeutig: Das Wissen der Lehrer über Autismus erwies sich als signifikant geringer als das der Experten; auch unterschätzten die Lehrer die Häufigkeit von Autismus. Weiterhin haben die Lehrer weniger Kennt-

---

[8] https://www.autismus-forschungs-kooperation.de/download-bereich/ (Zugriff am 15.04.2024).

nisse über das Asperger-Syndrom und die spezifischen Stärken autistischer Menschen als die Experten.

Tab. 3.1: Wissen zum Asperger-Syndrom[9]

Das Asperger-Syndrom ist eine Form von Autismus ...	Experten (n = 19)	Lehrer (n = 65)
ohne Intelligenzminderung	17	12
mit Hochbegabung	0	25
mit besonders beeinträchtigtem Sozialverhalten	2	28

Tab. 3.2: Einschätzung der Stärken von Autisten: Mittelwerte der 7 Items, welche von besonderer Bedeutung für Lehrer sind[10]

Stärken von Menschen im Autismus-Spektrum	Experten (n = 20)	Lehrer (n = 78)
Häufig sehr genau	2,40	2,18
Systematisches Denken	2,40	1,75
Außergewöhnliches Gedächtnis	2,85	2,37
Ungewöhnlicher Sprachgebrauch	2,70	1,94
Gerechtigkeit	2,15	0,89
Spezialinteressen	2,70	2,26
Struktur-Präferenz	2,95	2,54

Es stellte sich ferner heraus, dass die befragten Lehrer autismustypische Verhaltensweisen signifikant negativer als Experten beurteilten und mehr Vorurteile gegenüber Menschen im Autismus-Spektrum aufwiesen. Wie die Experten zeigten jedoch auch die Lehrer ein hohes Maß an Bereitschaft zur eigenen Veränderung. Für die Beschulung autistischer Kinder bedeutet das, dass Interesse und Bemühen unter den Lehrern durchaus vorhanden sind, es fehlt oft nur noch am nötigen Hintergrundwissen und an Methoden zur Umsetzung.

Seit der Befragung sind nun etliche Jahre vergangen. Hat sich etwas verändert? In den Medien ist das Autismus-Spektrum zwar präsenter geworden und mehr Lehrer können mit dem Begriff etwas anfangen. Die Erfahrungen vieler Betroffener zeichnen aber trotz vieler Bemühungen ein eher ernüchterndes Bild: Als wirklich verbessert empfinden viele die Situation nicht. Auch mangelt es vor allem in der normalen

---

9 Quelle: Untersuchungsergebnis der AFK, April 2009.
10 Quelle: Untersuchungsergebnis der AFK, April 2009.

Lehrerausbildung nach wie vor daran, dass Methoden im Umgang mit besonderen Schülern, etwa solchen im Autismus-Spektrum, nicht ausreichend präsent sind.

3.2 Autismus und Inklusion

Am 26.03.2009 ist die Konvention der Vereinten Nationen über die Rechte von Menschen mit Behinderungen (UN-BRK) in Kraft getreten. Für Deutschland bedeutete das ein Umdenken. Die neue UN-Konvention fordert volle Teilnahme für Menschen mit Behinderungen am gesellschaftlichen Leben einschließlich der vollen Teilhabe im Bereich Bildung. Kindern im Autismus-Spektrum darf es nicht länger verwehrt werden, in einer inklusiven Einrichtung beschult zu werden. Damit das gelingen kann, muss die Schule die geeigneten Rahmenbedingungen schaffen. Es gilt also: Nicht die autistischen Kinder müssen sich anpassen, sondern die Schule muss angemessen auf die Bedürfnisse von Kindern im Autismus-Spektrum reagieren.

Das ist für Schulen mit Herausforderungen verbunden. Jedes autistische Kind bewegt sich mit individuellen Stärken, Schwächen und Bedürfnissen auf einer Skala zwischen Normalität und Behinderung. Kein autistisches Kind ist wie ein anderes, die Kinder können sogar je nach Schwere und Ausprägungsart ihres Autismus grundverschieden sein. Methoden und Maßnahmen, die für das eine Kind richtig sind, bleiben bei einem anderen Kind erfolglos. Hinzu kommt, dass Menschen im Autismus-Spektrum in der Gesellschaft sehr häufig ein schlechtes »Image« haben. Untersuchungen wie die von der AFK belegen, dass viele Menschen, zu denen auch Lehrer oder Jobcenter-Mitarbeiter gehören, ein Bild vom Autismus haben, das nur wenig mit der Realität zu tun hat und das etliche Vorbehalte und Vorurteile erkennen lässt.[11]

Um aber Inklusion für Menschen mit Autismus zu realisieren, muss die Schule die betroffenen Kinder mit all ihren Defiziten, besonderen Bedürfnissen und Schwierigkeiten annehmen und nach besten Möglichkeiten fördern. Voraussetzungen dafür sind Offenheit, Interesse und der wirkliche Wille, diese Kinder in der Schule in die Gemeinschaft zu lassen. Das Ziel sollte kein geringeres sein, als so vielen autistischen Kindern wie möglich die volle, wirksame und gleichberechtigte Teilhabe in der Schule zu ermöglichen. Kinder mit Behinderungen dürfen nicht länger als Last betrachtet und auf Sonderschulen »aussortiert« werden.

Das gelingt mittlerweile zwar schon in Ansätzen, doch zu oft bleiben Schüler im Autismus-Spektrum mit ihren besonderen Bedürfnissen noch auf der Strecke. Mut

---

11 Siehe hierzu die Veröffentlichungen der AFK: »Was wissen Lehrer in Berlin über Autismus«, in 4. Wissenschaftliche Tagung Autismus-Spektrum, Tagungsband, 2011, S. 72; sowie »Wissen und Vorurteile über Autismus im Jobcenter: Eine erste Studie der Autismus-Forschungs-Kooperation (AFK)«, in: 2. Wissenschaftliche Tagung Autismus-Spektrum, Tagungsband, 2008, S. 62.

machen Schulen und engagierte Lehrer, die mit gutem Beispiel vorangehen und sich besonders um diese Kinder bemühen.

3.3 Voraussetzungen für Inklusion in der Schule

Das Recht auf Inklusion bedeutet für Kinder im Autismus-Spektrum das Recht, auf die Regelschule zu gehen. Die Regelschule muss ihnen den Besuch ermöglichen und dafür sorgen, dass notwendige Voraussetzungen erfüllt sind. Nachteile wegen ihrer Behinderung dürfen den Kindern nicht entstehen.

Unter Behinderungen werden in diesem Zusammenhang zunehmend nicht mehr immanente Merkmale von Menschen mit Autismus betrachtet. Vielmehr beschreibt der Begriff das Vorhandensein von äußeren Hindernissen oder Barrieren, durch die Kindern mit Autismus die volle Teilhabe am schulischen Leben erschwert oder gar gänzlich unmöglich gemacht wird. Inklusion bedeutet in dem Sinne den Abbau dieser Barrieren.

Entsprechende Änderungen und Anpassungen müssen sowohl im personellen, organisatorischen als auch räumlichen Bereich geschaffen werden. Empfehlenswert ist, dass zur Beschulung der Kinder autismusspezifische Lernkonzepte zum Einsatz kommen. Dies setzt entsprechend ausgebildete Lehrkräfte voraus. Nur die wenigsten Regelschulen sind heute auf dergleichen vorbereitet. Zumindest die Bereitschaft, sich auf Schüler im Autismus-Spektrum einzulassen und ihnen einen Schulbesuch ermöglichen zu wollen, sollte jedoch überall vorhanden sein. Ein Basiswissen kann das Lehrerkollegium durch entsprechende Fortbildungen sowie regelmäßige Besuche von Autismusfachkräften und Betroffenen erwerben. Sensibilisiert werden sollten die Lehrkräfte auch für mögliche Wahrnehmungsbesonderheiten der Kinder.

Eine offene Haltung sollte gegenüber Schulbegleitern bestehen. Sie sind weder Konkurrenz noch Kontrollinstanz für den Lehrer, sondern helfen, Barrieren für das autistische Kind abzubauen und sind somit ein wichtiger Baustein für die inklusive Beschulung. Auch die Eltern von Schülern im Autismus-Spektrum sollten als Partner begriffen werden. Sie kennen ihr Kind und dessen Bedürfnisse und Fähigkeiten so gut wie kaum jemand sonst und können somit Tipps und Hinweise für den Umgang aus erster Hand liefern. Zu überlegen ist, ob ein individueller Förderplan für einige der Kinder erforderlich ist.

Das gemeinsame Lernen ist nicht immer einfach. Trotzdem lohnt es sich, die Herausforderung anzunehmen. Von einem gemeinsamen Lernen von behinderten mit nicht-behinderten Kindern können beide Seiten profitieren. Es erweitert bei allen Beteiligten den Horizont und fördert zudem das Verständnis der Schüler dafür, dass es eine große Vielfalt in unserer Gesellschaft gibt und diese Vielfalt durchaus positiv sein kann.

Gemeinsames Lernen, Chancengleichheit und ein Begegnen auf Augenhöhe sind aber nicht möglich, ohne dass die Bedingungen und Voraussetzungen für Schüler geändert werden, die aufgrund einer Krankheit oder Behinderung ansonsten benachteiligt werden. Maßnahmen wie geeignete Nachteilsausgleiche, Unterstützung im Bereich des sozialen Lernens und bei der Arbeitsorganisation sind empfehlenswert. (Mehr dazu in ▶ Kap. 3.5.)

Die Messlatte, angesichts der Heterogenität der Schülerschaft für alle Kinder – auch, aber nicht nur für die im Autismus-Spektrum – eine volle Inklusion zu schaffen, ist hoch. Erfolgsbeispiele zeigen aber, dass dieses Ziel erreichbar ist.

Exkurs: Wollen Autisten Inklusion?

Autisten haben den Ruf, in sich gekehrte, wenig kontaktfreudige und wenig kommunikative Menschen zu sein, die am liebsten mit dem Rest der Gesellschaft nichts zu tun haben wollen. Bildliche Umschreibungen wie »Igelkind«, das mit seinen Stacheln alle anderen abstößt, oder »Kind in der Glaskugel« verbreiten in der Gesellschaft anschaulich das Vorurteil vom Autisten als einem Menschen am Rande oder gar außerhalb der Gesellschaft. Dass dieses Bild indiskutabel ist und genauso abzulehnen ist wie die Vorstellung, alle Blondinen seien geistig auf dem Niveau der Protagonistinnen in Blondinnenwitzen, steht außer Frage.

Bestärkt werden viele dieser Bilder durch das Verhalten einiger Menschen mit Autismus. Sie können als grob, verletzend, desinteressiert, gefühllos oder egozentrisch wahrgenommen werden. Der Umgang mit ihnen gestaltet sich als entsprechend schwierig. Wichtig jedoch ist zu beachten, dass es sich dabei um Symptome der Behinderung handelt. Nur weil jemand mit einer Grippe im Bett liegt und nicht mit Fußball spielen kann, heißt das nicht, dass er nicht trotzdem den Wunsch haben könnte, zusammen mit den anderen über den Bolzplatz zu laufen. Ähnlich ergeht es vielen Menschen mit Autismus. Ihre Symptomatik erschwert es ihnen und macht es manchen oft sogar ganz unmöglich, Kontakte mit anderen Menschen aufzubauen und zu pflegen. Die Sehnsucht nach Freunden, zwischenmenschlicher Anerkennung und Nähe kann trotzdem bestehen.

In diesem Sinne ist die Eingangsfrage damit zu beantworten, dass sehr viele autistische Menschen durchaus Inklusion wollen. Sie muss allerdings an ihre Symptomatik angepasst sein und ihre eingeschränkten sozialen und kommunikativen Fähigkeiten berücksichtigen.

3.4 Tipps für Lehrer: Wie kann Inklusion gelingen?

Inklusion kann nur dann gelingen, wenn sie wirklich gewollt ist. Eine weitere wichtige Voraussetzung ist, dass die für die Umsetzung verantwortlichen Menschen – zu denen an der Schule vor allem die Lehrer zählen – ein ausreichendes Wissen über Autismus besitzen. Wer nämlich nicht weiß, was die Besonderheiten von autistischen Menschen sind, kann sie folgerichtig kaum angemessen fördern. Er weiß auch nicht, welche Barrieren abgebaut werden müssen, um ein funktionierendes Miteinander zu ermöglichen. Fort- und Weiterbildungen zur Inklusion von Schülern im Autismus-Spektrum sind daher dringend empfehlenswert. Das Ziel sollte sein, dass Schulen sich nicht nur als Stätten der Wissensvermittlung nach unten begreifen, sondern als lernende Institution, die im Bereich Inklusion mit und von ihren autistischen Schülern lernt.

Wünschenswert ist es, Kontakte mit autistischen Menschen schon in die Lehrerausbildung aufzunehmen. Die frühe Konfrontation kann dazu beitragen, eventuelle Berührungsängste und Unsicherheiten im Umgang mit diesen Kindern bei den Lehrern zu reduzieren.

Um die Eingliederung zu vereinfachen, ist es ratsam, dass der Klassenlehrer und die wichtigsten Fachlehrer schon vor der Aufnahme in die Schule Kontakt mit einem autistischen Kind aufnehmen. Ein gegenseitiges »Beschnuppern« hilft beiden Seiten. Zudem können frühe Gespräche mit den Eltern des Kindes dazu genutzt werden, Fragen zu Rahmenbedingungen und besonderen Bedürfnissen und Eigenarten des Kindes zu klären. Eltern können häufig auch nützliche Tipps geben, zum Beispiel wie ihr Kind zu motivieren oder im Falle einer emotionalen Krise zu beruhigen ist.

Es kann im schulischen Alltag zu Konstellationen kommen, in denen Lehrer alleine überfordert sind. So darf die besondere Betreuung des Kindes mit Autismus nicht dazu führen, dass sich der Rest der Klasse vernachlässigt und benachteiligt fühlt. In einem solchen Klima würde die Gefahr bestehen, dass Animositäten unter den Klassenkameraden gegen den Schüler mit Autismus entstehen. Eine unparteiische Supervision durch Fachkräfte kann dann eine Lösung sein.

In der Praxis ist häufig Kreativität gefragt. Lehrer in der Regelschule betreten heute bei der Inklusion von Menschen im Autismus-Spektrum noch sehr oft Neuland. Experimente und innovative Methoden sind hier gefragt.[12]

Ein oder mehrere Schüler mit Autismus in der Klasse sollten Lehrer als spannende Herausforderung sehen. Das Miteinander ist wie eine Reise mit vielen unerwarteten schönen Erlebnissen, auf der aber auch die eine oder andere Hürde zu nehmen ist.

3.5 Nachteilsausgleich: Wann, wie und warum?

Bei Klassenarbeiten darf Tobias als einziger aus seiner Klasse einen Laptop zum Schreiben benutzen. Die anderen Schüler finden das unfair: Warum darf Tobias

---

12 Mehr zum Thema Inklusion in der Schule findet sich bei: Schuster, Nicole / Schuster, Ute: Vielfalt leben – Inklusion von Menschen mit Autismus-Spektrum-Störungen. Mit praktischen Ratschlägen zur Umsetzung in Kita, Schule, Ausbildung, Beruf und Freizeit. 2. Auflage 2022.

mit dem Computer arbeiten und warum müssen sie so uncool ihre Gedanken per Hand auf Papier aufschreiben? Der Lehrer erklärt, das liege an Tobias' Behinderung, an seinem Autismus. Deswegen kann Tobias nur sehr langsam mit dem Stift schreiben und das Ergebnis ist unleserlich. Auch kostet ihn das Führen des Stiftes so viel Anstrengung und Konzentration, dass er gar nicht mehr viel darüber nachdenken kann, was er eigentlich schreibt. Dem Lehrer hatte er in der Vergangenheit oft ein Blatt mit wenigen, zusammenhanglosen Sätzen und Wörtern abgeben müssen.

Niemand darf wegen einer Behinderung benachteiligt werden. Das gilt selbstverständlich auch für Schüler im Autismus-Spektrum. Für sie ist es unter normalen Bedingungen ungleich schwerer als für ihre Mitschüler, in der Regelschule erfolgreich zu sein. Regelungen zum Nachteilsausgleich sollen die Chancengleichheit verbessern.

Autismus beeinträchtigt verschiedene Funktionsbereiche. Bei einer leichten Ausprägung wie dem Asperger-Syndrom kann das einem Schwerbehindertengrad von 50–80 entsprechen, bei schweren Formen kann ein Grad der Behinderung von bis zu 100 vorliegen.

Worin ein Nachteilsausgleich in der Schule besteht, ist von Bundesland zu Bundesland und von Schulordnung zu Schulordnung unterschiedlich. Möglichkeiten bei Klassenarbeiten sind beispielsweise, dass die Betroffenen spezielle Hilfsmittel anwenden dürfen, mehr Zeit zur Bearbeitung oder Alternativaufgaben gleichen Anforderungsniveaus erhalten.

Ein Nachteilsausgleich ist vom Schüler bzw. seinen Erziehungsberechtigten zu beantragen. Bei Leistungsfeststellungen kann es sein, dass ein fachärztliches Attest oder ein pädagogisches Gutachten dazu erforderlich sind. Darin soll die Art der Behinderung dargelegt und beschrieben sein, inwiefern die Behinderung die erfolgreiche Teilnahme des Kindes am Unterricht behindert. Ob einem Antrag stattgegeben wird, entscheidet entweder die Schulleitung oder die vorgesetzte Dienstbehörde.

Für und Wider eines Antrags: Was sind mögliche soziale Konsequenzen für das Kind?

Ein Antrag ist dann sinnvoll und erforderlich, wenn das Kind durch seine autismusbedingten Besonderheiten stark beeinträchtigt ist und sich das in seinem schulischen Lernerfolg und seinem Abschneiden bei Prüfungen niederschlägt. Allerdings ist zu beachten, dass es das Kind durch den Nachteilsausgleich im Umgang mit seinen Mitschülern schwerer haben kann. Möglicherweise haben die Klassenkameraden wenig Verständnis dafür, dass das Kind im Autismus-Spektrum eine Sonderbehandlung bei Prüfungen erhält und bestimmte Erleichterungen zugesprochen bekommt. Doch allein aus Furcht vor solchen Reaktionen den Antrag nicht zu stellen, ist auch keine Lösung. Zwar regen sich Kinder schnell und heftig auf, wenn sie sehen, dass ein anderer etwas erhält, was sie nicht bekommen, aber: Die Aufregung und Empörung über den Nachteilsausgleich und die Sonderbehandlung verfliegen auch wieder und ein anderes Thema wird interessant. Mit der Zeit werden sich die Mitschüler daran gewöhnen, dass das Kind im Autismus-Spektrum in bestimmten Situationen besondere Unterstützung benötigt.

3.5.1 Wie sieht ein Nachteilsausgleich aus?

Ein Nachteilsausgleich kann zum Beispiel darin bestehen, dass Kinder im Autismus-Spektrum in Prüfungssituationen sowie im schulischen Alltag ihre Defizite mit technischen Hilfsmitteln ausgleichen dürfen. Denkbar ist bei Klassenarbeiten, dass sie einen Computer benutzen dürfen, anstelle ihre Gedanken handschriftlich darzulegen. Schüler, die sich nur eine begrenzte Zeit konzentrieren können, dürfen unter Umständen eine Klassenarbeit in mehreren Teilen und an mehreren Tagen schreiben.

Im Folgenden werden weitere Möglichkeiten des Nachteilsausgleichs genannt, die an anderen Stellen in diesem Buch ausführlich diskutiert werden:

- Geräte zum Aufzeichnen, um Ansagen des Lehrers, Tafelbilder etc. mit nach Hause nehmen zu können
- Kopfhörer mit Beruhigungsmusik o. ä. bei Stillarbeiten
- Unterstützung durch einen Schulhelfer oder durch eine eigene Schulbegleitung
- Ein Ruheraum, in den sich der Schüler in den Pausen zurückziehen kann
- Eine angemessene Inklusion oder Befreiung des Schülers von Klassenfahrten, Ausflügen, Projekttagen etc.
- Bei Gruppenarbeiten zumindest einen Teil der Aufgaben alleine erledigen lassen
- Erlass bestimmter Aufgaben wie Abschreibarbeiten, damit der Schüler sich auf die wichtigeren Aufgaben konzentrieren kann
- Kopien auf Papier von Tafelbildern zur Verfügung stellen, ebenso Folien und PowerPoint-Präsentationen mitgeben
- Die Behinderung bei der Notenvergabe berücksichtigen
- Mehr Zeit bzw. weniger Aufgaben bei Prüfungen
- Pausen während länger andauernden Klassenarbeiten
- Ersatzaufgaben, zum Beispiel eine schriftliche Ausarbeitung anstelle eines mündlichen Referats oder umgekehrt
- Auswendiggelerntes wie Gedichte oder Vokabeln außerhalb des Klassenzimmers abfragen
- Bei starken motorischen Problemen eine Befreiung vom Sportunterricht
- Einführung von Paten oder Tutoren, die bei Raumwechseln oder Stundenplanänderungen helfen
- Strukturierungshilfen, zum Beispiel Arbeitsmaterialen und Hefte für verschiedene Fächer farblich kennzeichnen
- Terminpläne für Leistungsüberprüfungen

Welche Art eines Nachteilsausgleichs ein Schüler zugesprochen bekommt, hängt vom individuellen Kind und dessen speziellen Bedürfnissen ab.

3.5.2 Noch gut oder nur ausreichend? Die Frage nach den Noten

> Tobias zu benoten, fällt den Lehrern schwer. In vielen Fächern ist ihnen klar, dass Tobias die Materie beherrscht – wenn auch auf unkonventionelle Weise. Und das ist genau das Problem. Tobias hält sich selten an die Methoden, die die Lehrer von den Schülern zur Lösung verlangen. Mündliche Mitarbeit? Dazu hat Tobias keine Lust. »Wozu soll ich Baby-Fragen beantworten?« Wenn Tobias trotzdem mal etwas loswerden will, ruft er einfach laut in die Klasse und lässt sich nicht mehr stoppen. Aufzeigen und abwarten, bis der Lehrer ihn drannimmt, findet er albern. »Wenn ich etwas sagen will, dann sage ich es lieber gleich.«

Zum Nachteilsausgleich für Schüler mit besonderen Bedürfnissen gehören auch neue Ansätze zur Notenvergabe. Hierzu konkrete Umsetzungsvorschläge zu geben, ist im Rahmen dieses Buches nicht möglich. Lehrkräfte beachten die entsprechenden Regelungen und Handlungsspielräume in ihrem Bundesland.

Um eine behinderungsbedingte Benachteiligung bei Prüfungen zu vermeiden, sollten die Rahmenbedingen der Prüfung für Schüler im Autismus-Spektrum optimiert werden. Es steht im Ermessen des Lehrers, bei einem Schüler mit Behinderungen die mündliche oder im Falle des Autismus eher die schriftliche Leistung höher zu bewerten als eigentlich für das Fach und die Klassenstufe vorgesehen. Ganz außer Acht lassen sollte er die mündliche Beteiligung jedoch nicht. Gerade im fremdsprachlichen Unterricht sollte er nicht zugunsten des Schriftlichen völlig auf die mündliche Beteiligung einschließlich von Hörverständnis und mündlicher Ausdrucksfähigkeit verzichten. Vielmehr gilt es, beide Leistungsformen zu berücksichtigen, allerdings mit angepasster Gewichtung.

Große Sorgfalt ist zu tragen, dass der autistische Schüler nicht weniger als seine Klassenkameraden leisten muss. Das Lern- und Leistungsniveau soll er weiterhin erreichen. Das sollte auch im Interesse des Kindes und seinen Eltern liegen. Sehr intelligente Kinder im Autismus-Spektrum haben das Potenzial, sich eine hochqualifizierte Ausbildung anzueignen und erfolgreich zu studieren. In der Schule setzen sie dazu den Grundstock. Eine Bevorzugung des autistischen Schülers würde außerdem seinen Stand in der Klasse verschlechtern, was die soziale Entwicklung des Kindes erschweren würde. Nicht zuletzt würde auch das Kind selbst, wenn es den für viele Menschen im Autismus-Spektrum typischen ausgeprägten Gerechtigkeitssinn hat, es ablehnen, Noten »geschenkt« zu bekommen. Auch Kinder im Autismus-Spektrum wollen etwas leisten und sich beweisen. Sie wollen stolz auf sich sein können.

Die etwaigen Benachteiligungen durch den Autismus muss die Schule also sehr sensibel auszugleichen versuchen. Eine Bevorzugung bei der Notenvergabe ist genauso zu vermeiden, wie den Schüler zu bewerten, ohne den Autismus zu berücksichtigen.

Im Zeugnis selbst wird in der Regel nicht aufgeführt, dass ein Nachteilsausgleich erfolgte.

3.6 Allgemeine Probleme und Lösungen

3.6.1 Sitzordnung

Tobias mag den ersten Schultag nach den Sommerferien aus vielen Gründen nicht. Einer davon ist, dass es eine neue Sitzordnung im Klassenzimmer gibt. Kaum hat der Lehrer die Tür aufgeschlossen, stürmen alle Kinder ins Klassenzimmer, um sich die besten Plätze zu sichern. Jeder will neben seinem Freund sitzen. Tobias geht als letzter ins Klassenzimmer. Neben ihm will eh nie jemand sitzen.

Tobias muss den Platz nehmen, der übrig geblieben ist, und selbst dort will ihn niemand haben: »Geh weg, such' dir einen anderen Tisch«, heißt es, wenn er sich irgendwo hinsetzen will.

In den ersten Tagen mit der neuen Sitzordnung hat Tobias große Probleme, sich im Klassenzimmer zurechtzufinden. In seiner Erinnerung sieht er sich noch auf dem alten Platz sitzen und vermisst den entsprechenden Blick in den Raum.

Die Sitzordnung im Klassenzimmer ist für viele autistische Kinder ein ungeliebtes Thema. Den idealen Sitzplatz für sie gibt es wahrscheinlich gar nicht: ruhig sollte er sein und geschützt, sauber und isoliert, trotzdem aber mit freiem Blick nach vorne, ohne dass irgendwelche Ablenkungsquellen stören. Manche Schüler haben Sonderwünsche. Ein Junge etwa träumte von einem Platz, der zu allen Seiten durchsichtige Trennwände zu den Nachbarplätzen habe. Auch oben sollte die »Kabine« abgeschlossen sein, denn:

»Die anderen bewerfen mich sonst mit Radiergummi-Stücken und anderem Zeug.«

Kinder im Autismus-Spektrum empfinden oft ständig wechselnde Sitzordnungen als unangenehm. Bei manchen Lehrern und in bestimmten Unterrichtsfächern gibt es Rotationsprinzipien, sodass jeder einmal vorne in der ersten Reihe sitzen muss bzw. darf, oder bei denen die Schüler eines Tisches wochenweise zu einem anderen Tisch wechseln sollen. Obwohl solche Regelungen durchaus sinnhaft sein können – im Chemieunterricht ist jeder mal nah an den Experimenten dran –, profitieren autistische Schüler davon kaum. Im Gegenteil können wechselnde Sitzordnungen ihr Funktionieren im Unterricht beeinträchtigen. Kinder im Autismus-Spektrum brauchen Regelmäßigkeit und Verlässlichkeit in ihrer Umwelt. Dazu gehört die Orientierung im Klassenzimmer. Sie brauchen außerdem feste Bezugspunkte im Raum und fühlen sich sicher, wenn bestimmte räumliche Verhältnisse gleich bleiben. So kann es ihnen gut tun, wenn sie hinter sich die Wand wissen oder neben sich das Fenster. Müssen sich Schüler im Autismus-Spektrum hingegen Woche für Woche oder noch schlimmer tagtäglich auf eine andere Sitzplatzumgebung einstellen, kann das für Angst und Unsicherheit sorgen.

Schlecht sind auch zu viele Raumwechsel. Jeder Raumwechsel bringt neue Orientierungsprobleme mit sich. Die Kinder müssen eigenständig in kurzer Zeit den Weg dorthin finden, was vor allem am Anfang ein Problem für sie sein kann. Sie müssen sich weiterhin in jeder Unterrichtsstunde umstellen: Mal sitzt der Klaus hinter ihnen, dann die Ina, mal fühlt sich der Tisch rau an, mal glatt, in den einen Klassenräumen sind die Wände weiß, in den anderen bunt bemalt, mal ist die Tafel links vom Fenster, mal gegenüber der Fensterfront, dann wieder rechts vom Fenster. Für Menschen im Autismus-Spektrum ist das sehr anstrengend.

Wichtig für die Orientierung der Kinder ist es, dass die Lehrer versuchen, für so viele Konstanten wie möglich in ihrem räumlichen Umfeld zu sorgen. Vielleicht lassen sich zu viele Raumwechsel durch geschickte Verlegung der Unterrichtsfächer reduzieren. Welcher Sitzplan für ein Kind besonders gut geeignet ist, klärt die Lehrkraft am besten im Gespräch mit dem jeweiligen Kind und entscheidet dann individuell.

Einige autistische Schüler haben darüber hinaus weitere Probleme. Sie können einen ausgeprägten Hygienesinn besitzen und ekeln sich vor den Tischen und Stühlen in der Schule. Hier kann es helfen, den Kindern einen Tisch zu geben, an dem wirklich nur sie sitzen dürfen. Auch ein Tischtuch, das das Kind von zu Hause mitbringen darf, eine abwaschbare Schutzfolie oder ein Sitzpolster können das Wohlbefinden steigern.

3.6.2 Strukturierung der Pausen

> Die Oma fragt Tobias, wie es ihm denn in der Schule gefallen würde. »Es wäre ganz in Ordnung, wenn es keine Pause geben würde«, sagt Tobias. »Mit den Pausen ist es doof.«
> »Warum magst du denn keine Pausen?«, fragt die Oma.
> »Weil dann nur Chaos ist«, antwortet Tobias. »Außerdem sind dann alle mit ihren Freunden zusammen. Nur ich bin immer allein. Ich, der doofe Autist.«
> »Doofer Autist«, so nennen ihn einige Jungen aus der Klasse seit einiger Zeit in den Pausen.
> Tobias leidet regelmäßig in den Pausen. Sie sind für ihn die schlimmste Zeit des Schultages. Manchmal hat er schon morgens Angst davor, was in diesen unstrukturierten Phasen passieren wird.

Für die meisten Schüler sind die Pausen der Höhepunkt des Schultags. Jetzt können sie endlich toben, mit Freunden spielen, sich unterhalten, lachen, schreien, kurz gesagt: sich richtig frei fühlen. Für autistische Kinder gehören Pausen hingegen meist zu den unangenehmsten Ereignissen in der Schule.

Für die Pausen gibt es weder feste Pläne noch geregelte Abläufe. Jeder kann mehr oder weniger machen, was er möchte, solange er dabei die Schulregeln einhält. Kinder im Autismus-Spektrum verlieren ohne feste Strukturen jedoch leicht die Orientierung. Sie wollen immer genau wissen, was wann und wie passiert, um sich darauf einstellen zu können. Auf dem Pausenhof gilt jedoch nur eins: Bis auf das Läuten zu Beginn und zum Ende ist fast alles unberechenbar und jeden Tag anders.

Weiterhin stört viele Kinder im Autismus-Spektrum, dass es in den Pausen so laut ist. Die Schüler schreien und reden wild durcheinander, die einzelnen Stimmen schwirren ineinander und vermischen sich. Es entsteht eine Menge Lärm, etliche Füße trampeln und poltern über den Schulhof. Dann kommen noch völlig unkal-

3.6 Allgemeine Probleme und Lösungen

kulierbare Geräusche hinzu: Ein Schüler bläst eine Tüte auf und lässt sie platzen, zwei andere schreien um die Wette, Jungen grölen irgendwelche Lieder, andere Kinder spielen Klatschspiele.

In den Pausen ist überall Action angesagt. Viele Kinder müssen jetzt die beim vielen Stillsitzen aufgestaute Energie loswerden. Sie flitzen und rasen über den Schulhof, verausgaben sich bei Ballspielen, manche müssen auch in Prügeleien Aggressionen loswerden. Für autistische Kinder kann sich das wie ein Ort des Schreckens anfühlen. Schon allein das stete Bemühen darum, unbeabsichtigte Berührungen zu vermeiden, kann überfordern.

Es kann vorkommen, dass autistische Kinder in Prügeleien und Kämpfe auf dem Schulhof verwickelt sind. Zum einen werden sie wegen ihrer Andersartigkeit leicht das Opfer von Gewalt, zum anderen können die Kinder selbst dazu neigen, aggressiv gegen Mitschüler vorzugehen. Die Gründe sind oft für Außenstehende unverständlich, meist ist es aber so, dass das Kind sich auf irgendeine Weise bedroht oder angegriffen gefühlt hat und sich mit dem oft einzigen Mittel zur Konfliktlösung wehrt, das es kennt, nämlich Gewalt.

Viele Kinder im Autismus-Spektrum sind sich einig, dass für sie übliche Schulpausen keine Erholung, sondern im Gegenteil eine zusätzliche Anstrengung sind. Gerade sie, für die der normale Schulalltag schon so viel anstrengender ist als für alle anderen, hätten eine richtige Auszeit aber dringend nötig. Wünschenswert ist es daher, die Pausen für die Kinder angenehmer zu gestalten. Fragt man sie, was sie sich für die Pausen wünschen, lautet die Antwort oft: »Einen Ruheraum, einen Ort, an den ich mich zurückziehen kann«. Diesen Wunsch kann ihnen die Schule mit etwas gutem Willen oft erfüllen und zum Beispiel einen kleinen Raum entsprechend einrichten. Denkbar ist auch, dass eine zentrale Einrichtung wie die Bibliothek in den Pausen zugänglich gemacht wird für eine kleine Gruppe Schüler. Neben Schülern im Autismus-Spektrum können dazu auch hochsensible Kinder oder Schüler mit anderen sensorischen Besonderheiten oder großer Schüchternheit gehören. Wichtig ist, dass dort feste Regeln gelten, etwa ein Schweigegebot, und eine Aufsichtsperson über deren Einhaltung wacht.

Ist es unvermeidlich, dass ein Kind im Autismus-Spektrum raus auf den Schulhof zu den anderen gehen muss, so ist es wünschenswert, dass die Aufsicht führenden Lehrkräfte ein besonderes Augenmerk auf diesen Schüler richten. Sie sollten sofort eingreifen, wenn das Kind in Situationen gerät, die es nicht alleine lösen kann.

Ein Problem für viele autistische Kinder in den Pausen ist nicht zuletzt, dass sie nur wenige Freunde haben – Pausen jedoch sind Zeiten, die vor allem mit Freunden schön sind. Wenn das Kind im Autismus-Spektrum alleine auf dem Schulhof steht, wird ihm seine Außenseiterrolle besonders schmerzlich bewusst. Das tut den meisten Kindern weh. Manche versuchen dann, sich zu anderen Gruppen zu gesellen. Doch oft scheitern diese Annäherungsversuche. Die Schulkameraden wollen in der Pause sehr oft unter sich bleiben, Neuigkeiten mit den besten Freunden austauschen oder zusammen die Nachmittage verplanen. Das autistische Kind als unbeteiligter Beobachter/Zuhörer oder im Gegenteil als pausenlos von den eigenen Interessen erzählender Redner kann als störend empfunden werden. Alleine auf dem Schulhof stehend bleibt für das Kind das Gefühl, überflüssig, nicht dazugehörig und unerwünscht zu sein. Eine besondere Regelung für autistische Schüler in den Pausen ist daher allein schon deshalb wichtig, damit die Kinder nicht Tag für Tag dem Gefühl ausgesetzt sind, einsam und ungeliebt zu sein. Ist eine ständige Regelung für die Pausen nicht umzusetzen, könnten Lehrer zumindest hin und wieder das Kind durch Vorwände – es soll zum Beispiel noch eine bestimmte Aufgabe lösen – im Klassenzimmer zu lassen.

3.6.3 Umgang mit Veränderungen

Als kleiner Junge hat Tobias lange gebraucht, bis er bereit war, seinen Kakao auch aus einem anderen Gefäß als einer blauen Henkeltasse zu trinken. Heute noch mag er es nicht, wenn seine Mutter zu Hause in der Wohnung auf- oder umräumt. In seinem Zimmer darf niemand außer ihm etwas verrücken oder verstellen. Tobias fühlt sich nur wohl, wenn alles »seine Ordnung« hat.

In der Schule ist Tobias ständig mit Änderungen konfrontiert. Es bereitet ihm große Schwierigkeiten, darauf zu reagieren. Als zum Beispiel einmal unangekündigt die letzte Stunde ausfiel, fing Tobias an zu weinen. Er weigerte sich, die Schule vor dem normalen Unterrichtsende zu verlassen, da sonst sein Plan durcheinander komme.

Menschen im Autismus-Spektrum mögen in der Regel keine Veränderungen. Überzogen wird das im Film »Rainman« dargestellt. Viele Menschen werden damals über den Autisten Raymond geschmunzelt haben, der weder was das Kaufhaus für Unterhosen angeht noch seine Ernährung betreffend irgendwelche Kompromisse eingeht. Eltern autistischer Kinder mag bei solchen Szenen das Lachen jedoch vergehen. Für sie gehören starre Rituale und unumstößliche, wenn auch noch so sinnlose Regeln zum Alltag.

Oft sind es vor allem jüngere Kinder im Autismus-Spektrum, die feste, gleichbleibende und unveränderliche Fixpunkte in ihrer Umgebung und ihrem Tagesablauf verlangen. Eltern beobachten vielfach, dass die Kleinen durch Gleichförmigkeit in ihrer Umgebung ruhiger und ausgeglichener werden. Wenn ein Mensch im Autismus-Spektrum genau weiß, wann ihn was erwartet, gibt ihm das Sicherheit und oft überhaupt erst die Bereitschaft, sich darauf einzulassen. Probleme treten zwangsläufig auf, wenn das Kind mit dem Eintritt in die Schule täglich mit erheblichen Veränderungen konfrontiert wird. Schon der Schulstart an sich ist eine gewaltige Veränderung. Der Tagesablauf muss nun komplett neu gestaltet werden. Die Nachmittage stehen nicht mehr frei zur Verfügung, sondern müssen zumindest teilweise mit Hausaufgaben und Lernen verbracht werden.

Im Klassenraum ist alles fremd, vom Mobiliar bis hin zu den vielen neuen Gesichtern. An alles muss sich ein Schüler im Autismus-Spektrum langsam gewöhnen. Auch die Umgebung ist fremd, die Wege, die Räume, ja selbst die Toilette ist anders als zu Hause und kann schlimmstenfalls abgelehnt werden. All die Veränderungen sorgen für Unsicherheit und Angst.

Doch auch, wenn sich das Kind an die Schule gewöhnt hat, lauern im zur Routine gewordenen Schulalltag noch etliche Stolpersteine. Schule ist niemals immer gleich und kalkulierbar. Lehrer können krank werden und Unterrichtsstunden können ausfallen. An anderen Tagen finden unerwartete Raumwechsel statt. Die Sitzordnung kann sich verändern. Mal kann es draußen so stark regnen, dass alle in der Pause drinnen bleiben und damit gegen die Regel verstoßen, dass die Pausen auf dem Schulhof zu verbringen sind. Bei schönem Wetter findet der Sportunterricht manchmal im Freien statt anstelle in der stickigen Turnhalle. Das sind nur wenige Beispiele dafür, wie der normale Schulablauf, wie er an 95 Prozent der Tage stattfindet, durcheinander geraten kann und dadurch für autistische Kinder Tag für Tag neue belastende Überraschungen parat hält.

Lehrer können unvermeidliche Veränderungen nicht ausschalten. Gleichwohl können sie versuchen, für so viele Konstanten wie möglich im Schulablauf der autistischen Schüler zu sorgen. Manchmal ist auch eine gewisse Flexibilität des Lehrers gefragt: Wenn ein Kind im Autismus-Spektrum trotz des Regens darauf besteht, draußen wie gewohnt seine Runden zu drehen, könnte es ihm erlaubt werden, zumal wenn es schützende Regenkleidung dabei hat.

Veränderungen, die voraussehbar sind, müssen vorab angekündigt werden. Am besten ist es, wenn der Lehrer zusätzlich darauf achtet, dass das Kind die Veränderung auch verstanden hat. Gut ist, wenn er sich neben den Schüler stellt und wartet, bis das Kind die Ankündigung in seinen Kalender notiert hat. Plötzliche Ausfälle wegen Krankheiten lassen sich so zwar nicht entschärfen, wohl aber kann der Sportlehrer bei verheißungsvollen Wetterberichten frühzeitig ankündigen, wenn er den Unterricht nach draußen verlegen will.

Autistischen Schülern ist mit ein paar vorbereitenden Worten auf Besonderheiten im Schulalltag oft sehr geholfen. Die Schule wird ein Stück sicherer und verliert bestenfalls etwas von ihrem beängstigenden Potenzial.

3.6.4 Klassenausflüge und Klassenreisen

Tobias erste Klassenreise war für alle Beteiligten eine Katastrophe. Der Junge konnte weder schlafen noch essen und verhielt sich vollkommen apathisch. In den ersten Tagen lehnte er jeden Kontakt ab. Im Speisesaal erfolgte eines Morgens ein Wutausbruch, bei dem Tobias die Platten mit Aufschnitt vom Buffet fegte. Der Auslöser: Die Käseplatte stand anders als an den vorangegangenen Tagen links und nicht rechts neben dem Wurstaufschnitt.
Zusammen mit den Eltern entschieden die Lehrer, dass es das Beste sein würde, Tobias vorzeitig abreisen zu lassen. Zu Hause dauerte es mehrere Tage, bis sich Tobias wieder normal verhielt.

Klassenreisen sind bei den meisten Schülern überaus beliebt. Sie finden es gut, einige Tage lang mit der ganzen Klasse zusammen irgendwohin zu fahren, viel gemeinsam zu unternehmen und sich dadurch besser kennenzulernen. Für Kinder im Autismus-Spektrum sind gerade diese Tage besonders heikel und belastend. Sie müssen sich auf ein völlig neues Umfeld einstellen, einen veränderten Tagesablauf akzeptieren und sind ständig von Mitschülern umgeben – auch von solchen, die sie gar nicht leiden können. In einem fort müssen sie sich anpassen. Das kann die sozialen und funktionellen Fähigkeiten einiger Kinder überfordern. Die Klassenreise kann zur Qual werden.

Oft deutet sich schon im Vorfeld an, ob das Kind schon weit genug in seiner Entwicklung ist, dass es gemeinsam mit den anderen eine solche Fahrt unternehmen kann. Manche Kinder im Autismus-Spektrum können von selbst den Wunsch aufbringen, unbedingt mitfahren zu wollen, da sie hoffen, durch die Reise mehr Anschluss an die Klassenkameraden zu finden. Andere Kinder sind unsicher, ob sie fahren wollen, weil sie nicht wissen, was sie erwarten wird. Wieder andere lehnen die Fahrt von vornherein absolut ab.

Mit gezielten Hilfen vonseiten der Lehrer kann unsicheren Eltern und Schülern die Entscheidung für die Klassenfahrt leichter gemacht werden. Eine große Erleichterung ist es, wenn das Kind weiß, dass es nicht an allen Veranstaltungen teilnehmen muss und es ihm freigestellt wird, alternativ ausruhen zu können. Wenn Schüler im Autismus-Spektrum beispielsweise vom morgendlichen Schwimmen schon so sehr erschöpft sind, dass sie nachmittags nicht mehr Minigolf mit den anderen spielen können, dann kann darauf durchaus Rücksicht genommen werden. Ebenso kann es helfen, wenn das Kind nicht mit den anderen zusammen zu essen braucht, um zumindest während der Mahlzeiten etwas Ruhe zu haben. Bei einigen autistischen Menschen ist es zudem so, dass sie in der Anwesenheit anderer Menschen gar nicht essen können. Oft ist auch das Essensangebot in der Jugendherberge ein Problem. Jeder Schüler weiß, dass es dort nicht wie zu Hause schmecken wird, manche Kinder finden das sogar spannend und sind neugierig auf das fremde Essen. Für autistische Kinder, bei denen es nicht ungewöhnlich ist, wenn sie ihre Milch nur aus genau einem Supermarkt trinken oder für die Kartoffeln eine ganz spezielle Form haben müssen, kann das ein viel größeres Problem darstellen als für die anderen, denen es vielleicht einfach nur nicht so gut (oder im Gegenteil vielleicht ganz besonders gut) schmeckt. Bei wählerischen Essern ist es daher ratsam, wenn sich diese Kinder von zu Hause Proviant mitnehmen dürfen. Obst, Nüsse, gekochte Eier oder Riegel halten lange genug und machen satt.

Da ein Kind im Autismus-Spektrum zumeist besondere Betreuung während der Reise braucht, können das die wenigen mitreisenden Lehrkräfte, die für alle Kinder verantwortlich sind, nicht unbedingt leisten. Hier kann es helfen, wenn die Mutter oder der Vater des Kindes bzw. die Schulbegleitung mitfährt.

Wichtig für den Erfolg der Fahrt ist, dass die Lehrer sie gut vorbereiten und im Vorfeld alle Fragen des Kindes nach Ablauf, Unterkunft etc. beantworten.

> **Manchmal ist es besser, zu verzichten**
>
> Menschen im Autismus-Spektrum, die sehr hartnäckig und dickköpfig sind, wird man nicht umstimmen können, wenn sie etwas partout nicht wollen. Wenn also ein Kind einen absoluten Widerwillen gegen eine anstehende Klassenfahrt hat, sollte man es nicht dazu zwingen. In solchen Fällen ist es sowohl für das Wohl des Kindes als auch für das Gelingen der ganzen Fahrt die beste Lösung, das Kind im Autismus-Spektrum zu Hause zu lassen. Zwang kann sonst nach hinten losgehen.

3.7 Soziale Probleme

> Tobias fühlt sich unter anderen Menschen seltsam, irgendwie nicht dazugehörig, fremd. Manchmal denkt er, dass sich so das hässliche Entlein, das eigentlich ein Schwan ist, unter den Enten gefühlt haben muss. Dem Jungen gelingt es fast nie, eine wechselseitige Beziehung mit anderen aufzubauen. Er fühlt sich ständig und überall als Fremdkörper. Obwohl er nun schon seit vier Jahren mit den gleichen Kindern in eine Klasse geht, ist das Gefühl des Fremdseins immer noch da.

»Autisten« – das ist teilweise schon fast ein Schimpfwort. Sie haben den Ruf, unsoziale Wesen zu sein, die immer für sich alleine sein wollen und andere Menschen nicht mögen. Pauschale Vorurteile wie diese sind jedoch pure Klischees und verletzen die Gefühle sehr vieler Menschen im Autismus-Spektrum. Die meisten der Betroffenen wollen eben nicht immer nur alleine sein. Sie suchen und wünschen sehr wohl den Kontakt zu anderen. Gleichwohl ist der Umgang mit anderen für sie ungleich schwerer als für ihre Mitmenschen. Das liegt an ihren sozialen Defiziten, die ein Hauptmerkmal ihrer Neurodiversität ausmachen.

Die sozialen Defizite äußern sich auch in der Schule. Der Kontakt zu Mitschülern gestaltet sich schwierig. Die Kommunikationsprobleme und sozialen Mängel des Kindes im Autismus-Spektrum stehen zwischen ihm und den Klassenkameraden. Vielen autistischen Schülern gelingt es nie richtig, sich in die Klassengemeinschaft einzugliedern. Leider ist es so, dass es ihnen die Mitschüler oft auch nicht erleichtern, sich als Teil ihrer Gemeinschaft zu fühlen. Im Gegenteil isolieren sie den betroffenen Schüler häufig noch aktiv.

Die Tatsache, dass autistische Kinder im sozialen Miteinander seltsam auf andere wirken, lässt sie oft vom ersten Tag an zu Außenseitern werden. Schnell werden die Kinder gemobbt, verspottet, abgelehnt und ihre Gesellschaft wird gemieden. Die anderen Schüler zeigen ihnen deutlich, dass speziell sie nicht dazugehören. Dieses Verhalten ist nicht zwangsläufig böswillig gemeint. Häufig ist es nur eine Reaktion auf die Symptome der autistischen Störung, also die starken Auffälligkeiten im sozialen und kommunikativen Bereich, auf die Mitschüler nicht anders als mit Ablehnung und Ausgrenzung zu antworten wissen.

Im Folgenden betrachten wir, worauf einige symptomatische Verhaltensweisen zurückzuführen sein können und was dabei in einem Menschen im Autismus-Spektrum vorgehen kann.

3.7.1 Mangelndes Verständnis für zwischenmenschliche »Spielregeln«

Tobias lacht, als eine Mitschülerin stolpert und sich das Knie aufschlägt. Er findet es lustig, weil das Mädchen gerade noch plaudernd mit Freundinnen über den Schulhof spaziert ist und jetzt weinend am Boden liegt. Auch die Reaktionen der anderen Mädchen findet er lustig. »Hast du dir weh getan?«, fragt die eine. Die andere will wissen, ob es blute. Tobias lacht noch lauter. Wie dumm, so etwas zu fragen. Dabei sieht doch jeder das feine Blutflüsschen, das aus der Wunde fließt.

Viele Regeln sprechen Eltern nie wortwörtlich aus und doch verhalten sich die Kinder genauso, wie es von ihnen erwartet wird. Schon kleine Kinder wollen trösten, wenn jemand weint. Man lacht mit, auch wenn man den Witz nicht verstanden hat. In einer Unterhaltung gibt es Zeiten, in denen man selbst etwas sagen darf, und andere Zeiten, zu denen der Gesprächspartner redet. Die meisten Menschen wissen, wann welche Zeit gekommen ist.

Bei Menschen im Autismus-Spektrum kann man dieses intuitive Wissen nicht voraussetzen. Die subtilen, unausgesprochenen Regeln des sozialen Miteinanders kennen sie nicht »einfach so«. Ihnen fehlt der intuitive Zugang dazu, das Gefühlserleben eines anderen zu erkennen und angemessen darauf zu reagieren.

In der Regel steckt hinter dem oft als Fehlverhalten interpretierten Betragen kein böser Wille. Es ist vielmehr ein hilfloses Nicht-Wissen. Wann darf man lachen, wann nicht? Warum ist es lustig, wenn der Clown im Zirkus ausrutscht, warum ist es nicht lustig, wenn eine ältere Dame stolpert? Warum darf man einander nicht verhauen, aber doch umarmen? Warum darf man nicht zu dem anderen die schlimmsten Schimpfwörter sagen, wenn er doch gerade erst etwas getan hat, das mich stört?

Weiterhin muss beachtet werden, dass bei Kindern im Autismus-Spektrum der Drang oder gar Automatismus fehlt, andere nachzumachen. Wenn alle aufstehen – beispielsweise in der Kirche oder um den Lehrer zu begrüßen –, fühlt sich ein Kind im Autismus-Spektrum in der Regel gar nicht aufgefordert, es den anderen gleich zu tun. Ihm fehlt der Reflex, das »Gruppen-Gen«, sich ebenfalls zu erheben. Wissenschaftler können das mit Defekten in den Spiegelneuron-Systemen erklären. (Siehe dazu auch ▶ Kap. 2.4.)

Defizite im sofortigen Übernehmen der Reaktion anderer gilt es auch bei Ausflügen zu beachten. Wenn unterwegs alle plötzlich losgehen, um gemeinsam rasch eine Straße zu überqueren, bleibt das Kind im Autismus-Spektrum vielleicht zurück oder auf einmal unvermittelt stehen, anstelle einfach weiter mitzulaufen. Es ist gegenüber dem Sog, der Masse zu folgen, weitgehend resistent und kann sich dadurch in ernste Gefahr bringen. Lehrer sollten sich daher immer noch mal extra vergewissern, dass der Schüler auch mitkommt, oder ihn am besten gleich an ihrer Seite laufen lassen.

Der fehlende Mitmacheffekt hat aber nicht nur Nachteile. Autistische Kinder, die sich ihren ausgeprägten Individualismus noch bis in die Jugendzeit und ins frühe Erwachsenenleben erhalten haben, sind in der Regel weniger gefährdet, dem Gruppenzwang bezüglich Zigaretten, Komasaufen oder Drogen zu erliegen. Manche Kinder, und dies trifft für nicht-autistische wie autistische zu, machen aber gerade als Heranwachsende eine Phase des sich übermäßig Anpassen-Wollens durch. Sie wollen auf keinen Fall weiterhin auffallen. Da Kindern im Autismus-Spektrum ein Gefühl dafür fehlt, eine gesunde Balance zwischen Individualität und sozialem Miteinander aufzubauen, sind sie besonders gefährdet, die eigenen Vorstellungen völlig aufzugeben und jede noch so gefährliche Aktion ohne Nachzudenken mitzumachen. Merken Lehrer, dass sich ein älterer Schüler im Autismus-Spektrum plötzlich verändert, den anderen alles nachmacht, sich vielleicht auch noch berüchtigten Cliquen anschließen will, suchen sie frühzeitig das Gespräch mit den Eltern.

Ein Problem autistischer Menschen im sozialen Bereich ist, dass sie nahezu blind für soziale Zeichen sein können. Wie ausgeliefert fühlen sie sich in Situationen, in denen Informationen nur indirekt ausgetauscht werden. Es ist, als würden die anderen eine Sprache sprechen, die sie nicht kennen. Auf dem Schulhof gibt es etliche Möglichkeiten für schwierige Begebenheiten: Will der andere mich nur freundschaftlich »auf den Arm nehmen« oder übel reinlegen? Wie reagiere ich, wenn mich jemand schubst und dabei vielleicht nur abklatschen wollte? Darf ich zurücktreten, soll ich ihn beschimpfen, darf ich drohen, ihn zu töten, wenn er das noch mal macht? Was ist angemessen, wenn ich Angst habe?

Auf die Idee, einen Erwachsenen – in der Schule einen Lehrer – zu Rate zu ziehen, kommen viele der Kinder gar nicht. Sie sind überzeugt, alleine ihre Probleme lösen zu müssen.

Helfen kann man diesen Kindern, indem man ihnen immer wieder sagt, dass sie um Hilfe und Rat fragen dürfen und sollen. Niemand kann immer alle Probleme alleine lösen. Lehrer sind dafür da, um in Situationen zu helfen, in denen Schüler nicht mehr weiterwissen. Bei einem Kind im Autismus-Spektrum betrifft dies eben nicht nur fachliche Fragen, sondern oft auch soziale Herausforderungen. Dem Miteinander im Klassenzimmer kann es helfen, wenn der Lehrer einige der ungeschriebenen Regeln einmal ausspricht und zusammen mit den Schülern sammelt und aufschreibt. Beispiele können sein:
Wenn sich jemand weh tut, lacht man nicht.

Wenn jemand ausgeschimpft wird, lacht man nicht.
Wenn jemand weint, fragt man, was los ist und ob man helfen kann (…)

3.7.2 Gestik, Mimik und Co.: Nichts scheint zu passen

> Was Tobias denkt, kann man selten erraten. Das Gesicht des Jungen ist auf die immer gleiche Art ausdrucksleer. Beim Sprechen aber kommt Leben in ihn und er fuchtelt wild mit seinen Händen in der Luft herum. In Bezug zum Gesagten stehen diese »Gesten« nicht. Wenn Tobias etwas fühlt, verzerrt er sein Gesicht wie vor Schmerzen, ganz unabhängig davon, ob das Gefühl positiv oder negativ ist.

Körpersprache und Autismus – das sind zwei Dinge, die häufig gar nicht zusammenpassen wollen. Für viele Menschen im Autismus-Spektrum sind der körperliche Ausdruck, die Sprache von Mimik, Händen und Körperhaltung, eine Art Fremdsprache. Sie müssen lernen, was Gesten sind, was eine bestimmte Mimik bedeutet und welche Gefühle man an bestimmten Körperhaltungen ablesen kann.

Menschen im Autismus-Spektrum selbst verwenden meist wenig Mimik oder Gestik. Ihr körperlicher Ausdruck ist überaus karg und steht in keinerlei erkennbarem Zusammenhang zur Situation. Wenn doch mal Mimiken oder Gestiken auftauchen, sind diese kaum zu interpretieren. Oft sind sich die Kinder der Bedeutung der eigenen Körperregungen gar nicht bewusst, ja, häufig sind sie sich noch nicht einmal über die eigenen Gefühle im Klaren. Es kann sein, dass ein Kind weint, wenn es sich eigentlich freut, oder umgekehrt lacht, wenn es traurig ist. Das kann einerseits zu Missverständnissen führen, andererseits aber auch dazu beitragen, dass die Betroffenen als gefühllos, unsympathisch oder gar als irre empfunden werden. Wer jedoch einen Menschen im Autismus-Spektrum näher kennenlernt, merkt schnell, dass dieser durchaus Gefühle hat. Es fehlen ihm allerdings die Mittel, diese verständlich auszudrücken.

Die Sprache der Körperteile

Nicht nur Wörter übertragen Botschaften. Auch Hände, Augen, Nase, Mund, Beine, ja der ganze Körper »spricht«. Diese Sprache beherrscht nicht jeder. Für Kinder im Autismus-Spektrum ist es eine Fremdsprache.

Wodurch die Schwierigkeiten im Ausdruck von Gefühlen bedingt sind, ist nicht ganz klar. Beobachtungen zeigen, dass kleine Kinder im Autismus-Spektrum ihre Bezugspersonen kaum angucken, häufig meiden sie besonders deren Gesichter. Wahrscheinlich trägt aber gerade im frühen Kindesalter bei normalen Kindern das häufige Anschauen anderer Menschen dazu bei, dass diese ein Verständnis für Mimiken und ihre Bedeutungen entwickeln. Wenn dem so ist, dann ist erklärbar, dass autistische Kinder, nicht zuletzt indem sie es meiden, in Gesichter zu gucken, ein entsprechendes Defizit aufbauen. Diese Defizite lassen sich aber wieder aufarbeiten. So zeigen Trainingserfolge bei älteren Kindern etwa mit Bilderkarten, die Gefühle anhand von Mimiken darstellen, dass durch Übung durchaus Fortschritte zu erzielen sind.

Auch für den Schulunterricht bieten sich Wege an, den Kindern zu helfen, Zugang zu ihren eigenen Gefühlen zu finden und ihnen zu zeigen, wie sie diese Gefühle angemessen darstellen können. Eine Möglichkeit dazu ist ein Theaterstück, das die ganze Klasse gemeinsam aufführt. Die Kinder können hier lernen, wie sie ihren Charakter, dessen Gefühle und Innenwelt durch einfache Gesten und Mimiken glaubhaft darstellen können. Davon profitieren nicht nur autistische Schüler, die vieles aus der Mimik- und Gestensprache wie eine Fremdsprache lernen müssen. Auch die nicht-autistischen können dabei noch einiges über den eigenen Gefühlsausdruck lernen und haben außerdem in der Regel Spaß an diesem außergewöhnlichen Unterrichtsinhalt. Nicht zuletzt sind solche gemeinsamen Aktionen auch förderlich für das Gemeinschaftsgefühl innerhalb der Klasse. Da es zudem Kinder im Autismus-Spektrum gibt, die auf der Bühne in ihrer Rolle förmlich über sich hinauswachsen können, sehen anschließend vielleicht auch die Mitschüler das Kind in einem ganz anderen, positiveren Licht.

3.7.3 Merkwürdiger Blickkontakt

Tobias schaut den Menschen nie in die Augen, wenn er mit ihnen spricht. Er sieht an ihren Gesichtern vorbei, sein Blick gleitet unbestimmt in die Ferne oder in die Leere. Oft hat sein Gesprächspartner den Eindruck, dass Tobias ihm gar nicht zuhört. Manche Lehrer empfinden das als sehr unhöflich. Sie fordern den Jungen auf, dass er sie angucken solle. Tobias bemüht sich meistens auch, doch kann er den Blickkontakt nie lange aufrechterhalten. Schnell gleitet sein Blick wieder an dem Gegenüber vorbei.

Ein auffälliger Blickkontakt ist ein bekanntes Merkmal, an dem man oft Menschen im Autismus-Spektrum erkennen kann. Fachkräfte weisen darauf hin, dass es ein frühes Signal für Autismus sein kann, wenn ein Kind keinen normalen Blickkontakt aufnehmen und halten kann.

Autistische Kinder schauen ihr Gegenüber in der Regel entweder gar nicht an, oder aber, was seltener vorkommt, starren die andere Person unentwegt bohrend an. Beides wird vom Gegenüber als unangenehm und ungehörig empfunden.

Eine der Ursache für dieses gestörte Blickkontaktverhalten ist sicherlich, dass den Kindern ein natürliches Gefühl für angemessenes Verhalten fehlt. Sie wissen nicht, wie lange, wie oft und wie intensiv man jemanden angucken darf und soll.

Für den ausbleibenden Blickkontakt gibt es weitere Gründe. Blicke sind mehr als nur eine Höflichkeitsgeste. Blicke können verletzen, sie können »töten«, wie es in einer Redensart heißt. Viele Tiere legen durch Blicke die Rangordnung fest. Auch bei Menschen gibt es solche »Blickduelle«. Im Boxsport steht vor dem eigentlichen Kampf ein Messen der Blicke an. Wer zuerst seinen Blick senkt, hat diese Vorrunde verloren. Es gilt: Wer den Blick abwendet, zeigt seine Unterlegenheit an. Weggucken kann sich als Schutzmechanismus anfühlen. Kleine Kinder, die etwas angestellt haben und sich schämen, halten sich selbst die Hände vor die Augen, ganz nach dem Motto: Ich sehe dich nicht, also siehst du mich auch nicht und kannst mir nichts tun.

Warum aber gerade Menschen im Autismus-Spektrum solche Probleme haben, andere Menschen anzugucken, ist immer noch nicht völlig geklärt. Mal heißt es, der Grund sei, dass ihnen die Sprache der Augen nichts sage, sie dem Blick des Gegenübers also keine Informationen entnehmen könnten. Dann wieder soll es daran liegen, dass sich die Betroffenen nicht gleichzeitig auf die optische Wahrnehmung eines Gesichts und auf das Gespräch konzentrieren könnten. Vielleicht steckt aber auch ein tief empfundenes Gefühl der Unterlegenheit dahinter, das Gefühl, von langer Erfahrung genährt, nicht dazuzugehören und sozial nicht anerkannt zu sein, das ältere Menschen im Autismus-Spektrum von vorneherein jeden Blick in die Augen eines anderen meiden lässt.

Zum Blickkontakt kann man erziehen. Dies erfordert Mühe und Einsatz. Doch wenn eine Lehrkraft ein Kind immer und immer wieder ermahnt: »Schau mich an, wenn ich mit dir spreche«, kann das Kind Fortschritte machen. Je früher man damit anfängt und je konsequenter die Eltern zu Hause ebenso handeln, desto besser sind die Aussichten.

An dieser Stelle gibt es den Einwand, dass man Kinder im Autismus-Spektrum zu nichts zwingen sollte, was ihnen so offenbar zuwider ist wie ein Blickkontakt. Stattdessen solle das Umfeld es tolerieren, dass das Kind eben nicht seinen Mitmenschen in die Augen sehen mag. Diese Herangehensweise und der Wunsch, dadurch das Kind zu schützen und es ihm angenehm zu machen, sind sicherlich gut gemeint. Zu beachten ist, dass im späteren Leben, etwa wenn das Kind in Ausbildung oder Beruf mit der Geschäftswelt in Kontakt kommt, mit dieser Rücksichtnahme in der Regel nicht zu rechnen ist. Überall, wo Menschen zusammenkommen, gelten nach wie vor gewisse Höflichkeitsregeln, was im Großen und Ganzen auch sehr gut so ist. Wenn man etwas erreichen möchte, nicht zu sehr (negativ) auffallen oder beruflich erfolgreich sein möchte, ist es von Vorteil, diese Sprache sprechen zu können. Wer entsprechende soziale Werkzeuge von früh an trainiert hat, tut sich dann leichter, diese zu seinem Vorteil anzuwenden, wenn er sie braucht. In der Schule ist das Umfeld noch relativ geschützt und ein gutes Übungsterrain für das spätere Leben. Warum dann nicht die Chance nutzen, dem Kind nicht nur Algebra und Rechtschreibung beizubringen, sondern auch soziale Tools, die es im Leben brauchen wird?

3.7.4 Gewalt

> Tobias ist in seinen Zornesanfällen unberechenbar. Er ist schon auf seine Mutter losgegangen, hat sich mit einem Küchenmesser selbst verletzt und gerät in der Schule immer wieder in heftige Auseinandersetzungen mit Klassenkameraden. Einem Jungen zerstörte er die Brille, wobei diesem Glassplitter ins Auge gerieten, einem anderen schlug er zwei Zähne aus. Tobias fehlt jedes Gefühl für die eigene Körperkraft. Auch empfindet er hinterher keine Reue oder Schuld. Wenn er sich in seiner Welt angegriffen fühlt, meint er, das Recht zu haben, sich zu verteidigen, und das mit allen Mitteln.

Menschen im Autismus-Spektrum sind in der Regel friedliebend. Solange ihnen nichts verquer kommt, würden sie von sich aus eher nicht auf andere losgehen. Allerdings funktioniert das nur in der Theorie. Im Alltag sind sie ständig mit anderen Menschen konfrontiert, deren Handlungen und Verhaltensweisen sie erleben und aushalten müssen und die sie sehr oft gewaltig stören. Das kann zu Konflikten führen, kann den Menschen im Autismus-Spektrum aber auch so sehr erregen, dass er im Affekt zu dem einfachsten, wenn auch primitiven Mittel, nämlich zu Gewalt, greift. Gewalt kann auch eine Folge dessen sein, dass sich autistische Menschen in der Gesellschaft nicht verstanden fühlen.

Ferner gibt es anscheinend einen Zusammenhang zwischen Autismus und einer erhöhten Kriminalitätsrate, wie Wissenschaftler von der Universität Virginia (USA) untersucht haben. Sie vermuten als Ursachen für eine niedrigere Hemmschwelle für kriminelle Taten Faktoren wie Theory-of-Mind-Defizite, enge, eigene Interessen und ein mangelndes soziales Bewusstsein.[13]

Gewalt vermeiden gelingt am besten, indem man die Ursachen bekämpft. Im Falle der autistischen Schüler bedeutet das, dass sie andere Wege lernen müssen, sich auszudrücken, durchzusetzen und auf Konflikte zu reagieren. Ferner fehlt vielen von ihnen das Wissen, dass Schläge und Tritte einem anderen überhaupt wehtun. Um den Mitschülern dieses Defizit zu erklären, kann die Lehrkraft zum Beispiel Bildergeschichten verteilen, auf denen es zu Gewalt und Schmerzen kommt. Wenn die Schüler die Bilder und was sie darstellen, erklären sollen, kann deutlich werden, dass sich das autistische Kind in seinen Einschätzungen und Interpretationen von den anderen unterscheidet. Manche Schüler mögen überrascht sein, dass einige Menschen im Autismus-Spektrum nicht wissen, dass ein Tritt gegen einen Menschen ganz andere Konsequenzen hat als ein Tritt gegen eine Getränkedose.

Schmerz? Was ist das?

Man fällt hin. Es tut weh. Man stößt sich. Es tut weh. Ein Schlag in den Magen tut weh. Ein gebrochenes Bein tut weh. Manchen Menschen im Autismus-Spektrum tut fast nie etwas weh. Sie haben ein stark reduziertes Schmerzempfinden und spüren selbst bei normalerweise stärksten Schmerzen kaum etwas. Wenn diese Kinder in einer Prügelei andere am eigenen Schmerzempfinden messen, kann das zu ernsten Verletzungen kommen.

3.7.5 Soziale Eingliederung

Seit Tobias denken kann, ist er ein Außenseiter. Ganz egal, wo er auch hinkommt, er scheint nie irgendwo reinzupassen, findet nie Anschluss.

Er weiß nicht, ob er wirklich darunter leidet. Und doch versprüht er eine Sehnsucht, dazugehören zu wollen. Akzeptiert zu werden. Gemocht zu werden.

---

13 Vgl. http://www.jaapl.org/cgi/content/full/34/3/374#top (Zugriff am 11.05.2020).

3 Gute Rahmenbedingungen schaffen

> Er sehnt sich danach, dass ihm mal jemand auf die Schulter klopft und sagt: »Mensch, du bist ein feiner Kerl.«

Brauchen Menschen im Autismus-Spektrum überhaupt Freunde? Manche Außenstehende mögen das verneinen, scheinen doch viele der Betroffenen am zufriedensten zu sein, wenn sie alleine für sich sind. Der äußere Eindruck kann jedoch täuschen. Auch viele Menschen im Autismus-Spektrum wünschen sich ein soziales Netz, Menschen, auf die sie sich verlassen können und die ihnen allein durch ihre Anwesenheit gut tun.

Viele Menschen im Autismus-Spektrum haben ein Verlangen nach sozialer Anerkennung. Oft sogar vielleicht noch mehr als andere Menschen. Dabei kann die Anerkennung ihre Person, oder aber, was wahrscheinlich häufiger vorkommt, ihre Leistung betreffen.

Wie aber können Lehrer es erreichen, dass das autistische Kind in der Klasse Anerkennung findet und in die Gemeinschaft eingegliedert wird? Wie können sie ihm helfen, einerseits die Welt und Bedürfnisse der anderen besser zu verstehen, andererseits von den Mitschülern endlich so akzeptiert zu werden, wie sie sind?

Ein Versuch sind Mentoren. Der Lehrer ist dabei auf die Mithilfe einiger Schüler angewiesen. Diese Schüler sollten zuverlässig sein und bereit, dem Kind zu helfen. Die Aufgabe der Mentoren ist es, dem Schüler im Autismus-Spektrum bei Problemen zur Seite zu stehen, sei es, dass er im Unterricht etwas nicht verstanden hat oder jemanden braucht, der zwischen ihm und anderen bei Streitereien und Konflikten vermittelt. Auch bei Stundenplanänderungen, Raumwechseln und anderen Situationen, in denen sich der Schüler unsicher fühlt, kann er sich an die Mentoren wenden. Ist er einmal krank, sollten ihn bestenfalls seine Mentoren mit den Hausaufgaben versorgen, ihn vielleicht auch mal anrufen und sich erkundigen, wie es ihm geht.

Im Idealfall übernehmen die Mentoren für das autistische Kind die Rolle von richtigen Freunden, die es von sich aus so ohne weiteres nicht gewinnen kann. Inwieweit allerdings auch die Mentoren das Kind als Freund betrachten, sei dahingestellt. Wichtig ist, dass sie es als ihren Schützling akzeptieren, vielleicht auch stolz darauf sind, dass gerade sie vom Lehrer für die verantwortungsvolle Aufgabe ausgesucht worden sind.

Manche Schüler im Autismus-Spektrum greifen von alleine zu der Mentoren-Strategie. Diese Kinder suchen sich gezielt einen oder wenige »Freunde« und verfolgen damit vor allem das Ziel, in ihnen einen zuverlässigen Ansprechpartner zu finden und durch sie geschützt zu sein.

Exkurs: Social Training

Menschen im Autismus-Spektrum leiden darunter, sich die Gedanken eines anderen nicht vorstellen zu können und nicht zu wissen, was eine andere Person vermutlich denkt oder als nächstes tun wird. Neurotypische Kinder lernen das mit der Zeit. Sie beobachten ihre Mitmenschen und können schließlich eine Vorstellung vom Innenleben der anderen Person entwickeln. Experten sprechen dabei von der Theory-of-Mind-Fähigkeit.

Bei Kindern im Autismus-Spektrum führt ihre Neurodiversität zu einem Mangel an sozialem Verständnis. Selbst bei sonst sehr begabten Betroffenen kommt es immer wieder zu einem Fehlverhalten im sozialen Bereich: Das Kind kann ohne Absicht andere verletzen, beleidigen, durch unangebrachte Fragen bedrängen oder wegen mangelnder Teilnahme als gefühllos erscheinen. Die Folgen davon können Ausgrenzung und Isolation sein, es kann aber auch zu Feindseligkeiten und gerade in der Schule zu Hänselei oder Mobbing kommen.

Die gute Nachricht ist aber: Ähnlich wie sich körperliche Fitness oder verschiedene geistige Fähigkeiten trainieren lassen, kann man auch das soziale Verständnis von Menschen im Autismus-Spektrum durch Üben verbessern. Einige Vorgehensweisen haben sich dabei als besonders geeignet erwiesen. Empfehlenswert ist es zum Beispiel, den Kindern soziale »Spielregeln« anhand der »Social Storys« von Carol Gray oder ihrem deutschen Pendant, den »sozialen Anleitungen« näher zu bringen.

Eine Voraussetzung, um einem Kind wirklich zu helfen, ist, es ganz individuell gemäß seinen persönlichen Bedürfnissen und Fähigkeiten zu fördern. Dazu sollten Eltern und Lehrer herausfinden, auf welche Weise das Kind am besten lernt. Viele autistische Kinder kommen sehr gut mit Bildern und Fotos zurecht. Hier kann es helfen, dem Kind soziale Situationen und menschliche Verhaltensweisen mit Bildergeschichten zu erklären. Dabei kann auffallen, dass es dem Kind schon schwerfällt, das soziale Geschehen auf den Bildern überhaupt wahrzunehmen. Sieht man zum Beispiel auf einem der Bilder einen betrübt aussehenden Jungen mit einem streng guckenden Vater im Wohnzimmer und davor eine kaputte Fensterscheibe und einen Fußball auf dem Boden, würden die meisten neurotypischen Menschen die Szene wahrscheinlich wie folgt beschreiben: Ein Vater schimpft mit seinem Sohn, weil dieser beim Ballspielen die Fensterscheibe kaputt gemacht hat. Ob im Hintergrund des Bildes jedoch ein CD-Player oder ein Plattenspieler steht, würden die meisten Menschen wohl kaum beachten. Viele Menschen im Autismus-Spektrum gucken aber genau dorthin: Sie interessieren sich mehr für die unbelebten Gegenstände im Hintergrund als für die zentrale soziale Situation. Genauso verhalten sie sich auch im Alltag. Ihre Aufmerksamkeit ist mehr sächlich orientiert als personenbezogen.

Um der Klasse diese neurodiverse Denkweise näher zu bringen, kann man mit den Schülern zusammen Bilder mit sozialem Inhalt anschauen und beschreiben. Dabei erleben die Mitschüler, wie der Klassenkamerad im Autismus-Spektrum die Welt wahrnimmt. Die Schüler können durch das Training besser verstehen, wo genau die Wahrnehmungsbesonderheiten ihres Mitschülers liegen und einige seiner scheinbar merkwürdigen Handlungsweisen können nun weniger unverständlich erscheinen.

Anhand der gleichen Bilderkarten kann man den Kindern soziales Denken zeigen. Dazu sollen die neurotypischen Kinder schriftlich die Bilder beschreiben und Geschichten dazu erfinden. Etwa: Ein Junge spielt im Garten Fußball. Plötzlich fliegt der Ball zu weit und rast durch die Fensterscheibe. Das Fensterglas zerspringt in tausend Stücke. »Wer war das?«, ruft der Vater von drinnen. Der Junge geht mit schuldbewusstem Gesicht ins Haus ... Auf diese Weise lernen alle Schüler: Die neurotypischen Kinder bekommen Einblicke in die neurodiverse Sichtweise auf die Welt und die Kinder im Autismus-Spektrum können an den Geschichten der Mitschüler erkennen, wie sich soziale Abläufe abspielen können. Dadurch kann ihre eigene soziale Fantasie angeregt werden.

Eine weitere Möglichkeit ist ein Sozialtraining, in dem die Kinder soziale Wahrnehmung, Selbstwahrnehmung, Gefühle, Problemlösung oder Einfühlungsvermögen trainieren. Methoden sind Rollenspiele und Verhaltensübungen. Wesentlich dabei ist, dass die anderen Schüler zuschauen und eine Rückmeldung dazu abgeben. Was war gut, wo hat das Kind zu sachbezogen gedacht und zu wenig Empathie gezeigt? Wichtig ist: Kritik muss immer konstruktiv und situationsbezogen sein, darf nie persönlich werden, beleidigen oder verletzen!

Bei sehr großen Klassen und besonders in Klassen mit mehreren Schülern im Autismus-Spektrum ist es gut, wenn solche Übungen zum Sozialtraining in kleinen Gruppen stattfinden können.

Ein erfolgreiches Sozialtraining kann dazu führen, dass Verhaltensauffälligkeiten wie Aggressionen, Angst oder Apathie abnehmen, da das Kind die Welt um es herum nun besser versteht und Wege gelernt hat, sich auszudrücken.

Letztlich bietet es sich auch an, mit den Schülern einen Regelplan für soziales Verhalten aufzustellen. Zum Beispiel:
Regel 1: Sich füreinander interessieren und umeinander kümmern.
Regel 2: Helfen, wenn jemand ein Problem hat.
Regel 3: Nachfragen, was los ist, wenn man das Verhalten von jemandem nicht versteht.
(...)

3.7.6 Fantasie vs. mangelnde Kreativität

Wenn in der Schule Kreativität verlangt wird – quasi »auf Knopfdruck« – ist das für Tobias schwierig. Nicht, weil der Junge zu wenig Fantasie hat, im Gegenteil: Tobias kann sogar einen erstaunlichen Einfallsreichtum entwickeln, wenn es darum geht, die Comicfiguren in dem von ihm erfundenen Comic »Smex« zu entwickeln. Über 100 Charaktere hat er bereits entworfen und gigantische Städte für sie aufgezeichnet. Die Handlungen seiner Figuren spielen sich auf sehr einfachem Niveau ab, meistens findet überhaupt keine Handlung statt. Tobias geht es hauptsächlich um detailgetreues Zeichnen.

Auf Kommando kreativ sein – das fällt vielen schwer. Besonders Menschen im Autismus-Spektrum, selbst solchen, die in einem bestimmten Bereich eine immense Kreativität aufweisen, fällt das besonders schwer. Diese Kreativität hat meist in irgendeiner Weise mit dem Spezialinteresse zu tun. Ein Schüler, der vielleicht wunderbar kreativ Bilder von Hunden malen kann, scheitert oder verweigert sich, wenn er Katzen oder Pferde darstellen soll. Diese Tiere interessieren ihn weniger und er sieht es nicht ein, sich damit zu beschäftigen. Die Herausforderung an den Lehrer besteht darin, den Schüler trotzdem zu motivieren, die gestellte Aufgabe zu erledigen. Manchmal kann das unmöglich sein. Es kann aber zum Beispiel gelingen, wenn man dem Schüler verspricht, dass er anschließend noch auf ein Extrablatt einen Hund malen darf oder vielleicht zu der Katze/dem Pferd noch einen kleinen Hund in den Hintergrund gesellen darf. Manchmal kann es auch helfen, dem Kind zu erzählen, weshalb man möchte, dass es eine Katze malt: »Ich weiß, dass du Hunde magst. Aber Katzen sind auch ganz tolle Tiere. Sie können zum Beispiel (...) Na, meinst du nicht, dass Katzen es verdient haben, auch mal gezeichnet zu werden?«

Warum nicht auch das besondere Talent des Kindes im Autismus-Spektrum für alle nutzen? Es kann für die ganze Klasse bereichernd sein, wenn ein kleiner Hundeexperte erzählt, wie man am besten Hunde malt. Er hat bestimmt eine ganz eigene Technik, von der man sich einiges abgucken kann.

3.7.7 Zwanghafte Gesprächsthemen

Tobias hat ein absolutes Lieblingsthema: Smex, die von ihm entworfene Comicwelt. Stunden über Stunden kann er bis ins Kleinste erzählen, wie die Stadtpläne seiner Fantasiewelt strukturiert sind, und er liebt es, ausführlich zu erklären, warum er bestimmte Strukturen gewählt hat.

Tobias weiß mehr über städtische Infrastruktur als so mancher Experte. Leider stößt sein Wissen bei den Mitschülern auf wenig Interesse. Tobias ist enttäuscht und fühlt sich abgelehnt, wenn die Klassenkameraden abblocken, sobald er mit »Smex« anfängt. Er kann nicht verstehen, dass sich jemand nicht für seine Stadtplanungen interessieren könnte.

Viele Verhaltensweisen von Menschen im Autismus-Spektrum erscheinen starr und zwanghaft. So auch oft das Verhalten in Gesprächen. Einige der Betroffenen, vor

3 Gute Rahmenbedingungen schaffen

allem jene mit einem sehr ausgeprägten Spezialinteresse, wollen häufig nur über dieses eine Thema sprechen. Außenstehende können den Eindruck bekommen, dass der Mensch im Autismus-Spektrum über andere Themen entweder gar nicht sprechen kann oder aber von einem inneren Drang beherrscht ist, der ihn zwingt, seine oft wortwörtlich identischen Ausführungen wieder und wieder abzuspulen. Damit liegt der Beobachter gar nicht so falsch. Tatsächlich ist ein innerer Drang vorhanden, der an einen Zwang erinnert. Doch im Gegensatz zu einem Zwang, unter dem die Betroffenen in der Regel leiden, leiden Menschen im Autismus-Spektrum nicht unter ihrer Getriebenheit. Vielmehr ist es eine tiefe Leidenschaft und pure Lust am Thema, die sie immer wieder davon sprechen lässt.

Viele der üblichen Dinge, über die Menschen gewöhnlich sprechen, interessieren Menschen im Autismus-Spektrum oft gar nicht. Bei Kindern, die noch nicht gelernt haben, aus Höflichkeit trotzdem zuzuhören, kann das besonders auffallen. Viele von ihnen haben absolut kein Interesse an den Dingen, die im Leben der Gleichaltrigen höchst wichtig sind. Für die Mehrzahl der Schüler sind beispielsweise Freunde sehr wichtig, ebenso gemeinsame Aktivitäten, Sportvereine sowie Handys, Musikgruppen oder Kleidung. Bei Teenies sind erste Erfahrungen in der Liebe große Themen. In der Pubertät beginnen die Heranwachsenden zudem die Welt der Erwachsenen zu erobern und sich darüber auszutauschen. Auch erste Kontakte mit Suchtstoffen wie Alkohol, Zigaretten und manchmal auch härteren Drogen finden jetzt statt. Wer hier mitmacht, gilt als cool. Autistische Kinder desselben Alters wirken oft unreifer und in der Entwicklung zurückgeblieben. Sie kommen häufig erst verspätet in die Pubertät und verändern als Pubertierende weniger als die anderen Kinder ihre Interessen. Zumeist behalten sie ihre alten Spezialinteressen und Leidenschaften auch in der Pubertät bei. Während Mitschüler vielleicht gerade Vermutungen anstellen, welche Pärchen im Freundeskreis wohl am längsten zusammenbleiben, beschäftigen sich die neurodiversen Jugendlichen weiterhin mit der Flora Australiens oder magischen Quadraten.

Verallgemeinern darf man jedoch nicht. Zwar weichen die Interessen von neurotypischen und neurodiversen Menschen oft voneinander ab, das muss aber nicht immer so sein. Es gibt auch autistische Kinder, die sich in ihren Interessengebieten gar nicht so sehr von anderen Kindern unterscheiden. Auffallend ist vielleicht allein, dass sie einen noch größeren Fanatismus, beispielsweise bezüglich einer Fußballmannschaft, an den Tag legen können und kaum über etwas anderes sprechen wollen als über ihr Lieblingsteam.

Immer nur über ein Interesse sprechen zu wollen, zeugt in den Augen vieler Menschen von einem gewissen Egoismus. Und in der Tat weisen viele Menschen im Autismus-Spektrum ein grundlegendes, mangelndes Interesse an anderen Menschen auf. Es geht ihnen vor allem darum, zu sagen, was sie sagen wollen, ungeachtet dessen, ob es das Gegenüber überhaupt interessiert. Es kann sogar egal sein, ob der andere überhaupt zuhört. Ein Interesse an einer richtigen Unterhaltung liegt nicht vor, der übliche Dialog im Gespräch wird zum Monolog. Der Gesprächspartner wird zum austauschbaren Empfänger bloßer Sachinformationen, wobei seine Ideen und seine Gedanken gleichgültig sind.

Nicht nur für Mitschüler, auch für Lehrer kann es belastend sein, auf diese Weise zugetextet zu werden. Während Schüler das dem Kind im Autismus-Spektrum nur

zu deutlich zeigen können, sind Lehrer oft verunsichert, wie und ob sie hier bremsen sollen. In vielen Fällen ist es für die soziale Entwicklung des Kindes jedoch wertvoll, wenn es lernt, dass Kommunikation nicht einseitig sein sollte. Endlos-Monologe lassen kein von Gegenseitigkeit geprägtes Gespräch zu und dürfen daher auf einfühlsame Weise auch mal unterbunden werden. Manchmal geht das aber nur mit klaren Worten:
»Das weiß ich schon. Du hast es bereits erzählt.«
»Du erzählst das sehr schön, aber es interessiert mich nicht.«
Hart erscheinende, direkte Worte sollten zwar immer nur die zweite Wahl sein, können aber unvermeidlich sein. Durch die sprichwörtliche Blume gesprochen verstehen einige Menschen im Autismus-Spektrum die Botschaft nicht.

3.8 Die Wichtigkeit von Regeln

> Bei Tobias muss die Mutter immer wieder an den Film »Und täglich grüßt das Murmeltier« denken. Doch anders als im Film sind in Tobias Welt Tage, die wie die vorhergegangenen ablaufen, keine Belastung, sondern eine fast lebenswichtige Wohltat.
> Für den Jungen ist es wichtig, dass im Alltag Regeln eingehalten werden, wie etwa:»Orangensaft nur aus blauen Gläsern und Apfelsaft nur aus grünen Gläsern trinken« oder »vor dem Aufstehen immer zuerst dreimal das Lieblingslied hören«.

Regeln sind für alle Menschen wichtig. Ohne sie würde unser Zusammenleben nicht funktionieren. Zu viele Regeln können aber auch erdrücken.
Menschen im Autismus-Spektrum haben die Neigung, es in den Augen Außenstehender mit selbst auferlegten Regeln und deren strikter Einhaltung zu übertreiben. Viele dieser Regeln sind scheinbar unsinnig und überflüssig. Dennoch klammern sich die Menschen an sie und bestehen hartnäckig Tag für Tag auf deren Einhaltung.
Gründe gibt es dafür verschiedene. Zum einen geben ihnen die Regeln Halt und Orientierung in einer für sie sonst unberechenbaren Welt. Das Einhalten von Regeln kann auch Angst nehmen, nach der Logik: Wenn ich alles so mache, wie am Tag zuvor, kann auch nichts Böses passieren. Das ist vergleichbar mit Marotten, die zum Beispiel Sportler vor einem wichtigen Spiel oder Wettkampf entwickeln, oder mit Ritualen, die manche Menschen in Extremsituationen wie vor einer Prüfung einhalten. Diese Marotten und Rituale haben mit den Regeln von Menschen im Autismus-Spektrum gemeinsam, dass sie weder kausal sinnvoll sind noch einem anderen Zweck als der eigenen Beruhigung dienen. Für die Betroffenen können jedoch im Unterschied zu gewöhnlichen Marotten durchaus Kausalitätsbezüge bzw. das, was sie darunter verstehen, bestehen. So kann es sein, dass ein Kind, das sich einmal zufällig genau vor dem Klingeln am Ende des Schultages eine Strähne aus

dem Gesicht strich, nun glaubt, dass es das jeden Tag genau so machen müsse, da sonst das erlösende Läuten ausbleibe. Für das Kind kann die Armbewegung von nun an zu einer festen Regel werden, die genau in den letzten Sekunden vor Schulschluss ausgeführt werden muss. Es ist folglich gegen Ende der Stunde unkonzentriert, nervös und steht wie unter Strom. Das überträgt sich auch auf seine Mitschüler.

Diskussionen mit dem Kind helfen da wenig. Besser ist es, ihm behutsam zu zeigen, dass das Klingeln nichts mit einer bestimmten Armbewegung von ihm zu tun hat. So soll das Kind versuchsweise einmal den Mut aufbringen und nicht genau vor Schulende die Strähne aus dem Gesicht streichen. Gelingt das, wird es sehen, dass die Schulglocke ganz unabhängig von der Armbewegung bimmelt. Wichtig ist, das Kind für seinen Mut ausgiebig zu loben.

Bei Kindern im Autismus-Spektrum ist es stets so, dass jede Art von Regeln für sie einen viel höheren Stellenwert hat als bei nicht-autistischen Menschen. Das Festhalten an Regeln ist für sie gefühlt lebensnotwendig, eine nicht einzuhalten ist mit immenser Angst und innerer Unzufriedenheit verbunden. Die Betroffenen trotzdem zu einem (sinnvollen) Regelbruch zu ermutigen, erfordert viel Geduld. Es empfiehlt sich, schrittweise vorzugehen, um das starre Regelwerk Stück für Stück zu durchbrechen. Jeder auch noch so kleine Schritt verdient Anerkennung.

> **Sinn und Unsinn von Regeln**
>
> Bei Rot nicht über die Straße zu gehen, ist eine sinnvolle Regel. Fünf Mal in die Luft zu hüpfen, wenn eine Ampel rot ist, ist eine unsinnige Regel. Menschen im Autismus-Spektrum können hier nicht immer unterscheiden.

3.9 Psychische Erkrankungen als Begleitstörungen

Tobias hat Angst vor großen Höhen, engen Räumen und Menschenansammlungen. Er hat genauso Angst vor roten Lebensmitteln, vor Menschen, die grüne Kleidung tragen, und vor Autos, deren Räder keine Radkappen haben.

Zeitweise leidet Tobias unter starken Depressionen. In solchen Phasen redet er davon, nicht mehr leben zu wollen. Manchmal schockiert er dann die Eltern, indem er ihnen ausführlich beschreibt, wie er sich umbringen will.

Menschen im Autismus-Spektrum können eine erhöhte Anfälligkeit für andere psychische Krankheiten haben. Bei manchen neurodiversen Menschen ist eine gewisse psychische Instabilität genetisch angelegt. Probleme können manifest werden, wenn die Kinder aufgrund ihrer Besonderheit unter erschwerten Bedingungen aufwachsen: Ständiges Mobbing, das quälende Gefühl, anders zu sein und die verzweifelte Suche nach einem Platz im Leben können gerade heranwachsende Menschen emotional extrem belasten und aus dem Gleichgewicht bringen.

3.9 Psychische Erkrankungen als Begleitstörungen

Unter den Komorbiditäten, also Begleit- bzw. Folgeerkrankungen von Autismus-Spektrum-Störungen, werden besonders häufig folgende genannt:

3.9.1 Essstörungen

Oft treten hier die ersten Auffälligkeiten schon bei Babys und Kleinkindern auf: Sie lassen sich kaum ernähren und lehnen viele Nahrungsmittel ab. Die Mutter eines autistischen Kindes, Brenda Legge, berichtet in ihrem Buch »Can't eat, won't eat« von extremen Nahrungsverweigerern. Sie erzählt von Kindern, die nur eine Handvoll Lebensmittel zu sich nehmen wollen, worunter oft nur ungesunde Dinge wie etwa Süßigkeiten oder Frittiertes sind.

Spezielle oder sehr eingeschränkte Essgewohnheiten können auch in der Schule, beispielsweise bei der Schulspeisung, ein Problem sein. Hier sollte in Absprache mit den Eltern über Alternativen und Ausnahmeregelungen nachgedacht werden. Auch steht zu beachten, dass manche autistische Menschen nicht in Anwesenheit anderer Menschen essen können. In diesen Fällen sind abgeschiedene Einzelplätze oder noch besser ein Raum, in dem das Kind ungestört essen kann, eine Lösung.

Weiterhin ist eine Störung namens Pica beschrieben, bei der Betroffene allerlei ungenießbare Dinge essen. Das betrifft eher jüngere und/oder schwerer behinderte Kinder. Hier ist ständige Aufmerksamkeit vonseiten der Aufsichtspersonen gefordert, da sich die Kinder sonst sehr leicht selbst vergiften.

Im späteren Alter treten psychisch bedingte Essstörungen wie Magersucht oder im anderen Extrem die Esssucht auf. Betroffene nehmen hier das Nicht-Essen bzw. übermäßige Essen als Kompensation für Probleme und Konflikte mit ihrem Umfeld, die sie nicht zu lösen wissen. Diese Krankheiten erfordern die Hilfe eines Therapeuten, manchmal sind auch Klinikeinweisungen notwendig. Lehrer, denen plötzliche Gewichtsveränderungen eines Schülers auffallen, sollten mit den Eltern sprechen.

3.9.2 Depressionen

Depressionen liegen nach heutigem Kenntnisstand neurobiologische Ursachen zugrunde. Bei der Krankheit bestehen bestimmte Störungen im Gehirnstoffwechsel. Neben einer gewissen Disposition dazu kann eine Reihe von äußeren Faktoren zur Manifestation einer Depression führen. Hierzu gehören zum Beispiel traumatische Erfahrungen, Lebenskrisen oder große Verluste. Begünstigend auf die Entstehung einer Depression wirkt sich zudem eine soziale Isolation aus.

Wichtig ist: Eine richtige Depression ist eine ernstzunehmende Krankheit. Depressive Menschen sind stark suizidgefährdet! Selbst Kinder im Schulalter können schon solche Gedanken haben und laut aussprechen. Haben Lehrkräfte einen entsprechenden Verdacht, ist ein Eingreifen notwendig. Betroffene Kinder brauchen psychologische Hilfe, möglicherweise zusätzlich eine Pharmakotherapie.

> **Gemeinsam an einem Strang ziehen**
>
> Bei einer depressiven Störung sind auch die Lehrer gefragt: Gemeinsam mit den Eltern und einem Psychologen sollten sie überlegen, wie sich das Problemfeld Schule angenehmer gestalten lässt. Frustrierende und entmutigende Erfahrungen in der Schule können ein möglicher Auslöser der depressiven Erkrankung sein.

3.9.3 Schlafstörungen

Der Begriff Schlafstörungen fasst verschiedene Störungen eines erholsamen Nachtschlafes zusammen. Dazu gehören Einschlafprobleme, Durchschlafprobleme, ständiges nächtliches Erwachen ebenso wie ein frühzeitiges Erwachen am Morgen.

Relativ viele autistische Menschen leiden an irgendeiner Form von Schlafstörungen, auch viele Schüler sind davon betroffen. Schwierig ist die Behandlung, zwar stehen Schlafmittel zur Verfügung, doch sind diese nicht für eine Daueranwendung geeignet. Manche Ärzte setzen auf sanfte Hilfe wie pflanzliche Präparate oder das »Schlafhormon« Melatonin, das in Deutschland außer als Arzneimittel auch als Nahrungsergänzungsmittel angeboten wird. Die Behandlung mit Substanzen ist allerdings nur eine reine Symptom-Bekämpfung. Mittel der Wahl ist, an den Ursachen anzugreifen und eine geeignete Schlafhygiene zu entwickeln.

Für Lehrer ist es gut zu wissen, dass krankhafte Schlafstörungen bei Schülern im Autismus-Spektrum vorkommen können und für Unkonzentriertheit, Unausgeglichenheit und ständiges Gähnen im Unterricht verantwortlich sein können. Schlafstörungen können auf große Sorgen hinweisen oder ein Symptom von psychischen Problemen sein.

3.9.4 Angststörungen

Von Angststörungen Betroffene leiden unter einem fortwährenden Gefühl der Bedrohung. Angst, eigentlich ein natürlicher Schutzreflex, ist bei ihnen krankhaft übersteigert. Faktoren, die keine wirkliche Bedrohung darstellen, können bei ihnen schwere Angstsymptome wie Herzrasen, Schwitzen und Panik sowie körperliche Beschwerden auslösen.

Kinder im Autismus-Spektrum sind häufig von Ängsten betroffen, die sich auf Dinge konzentrieren, die gewöhnlich nicht mit einem Angstgefühl verbunden sind. Einige leiden unter einer generalisierten Angststörung, die ungerichtet und unabhängig von spezifischen Auslösern ist.

Eltern sollten Lehrer unbedingt darüber unterrichten, wenn ihr Kind unter einer Angststörung leidet. Denn nur dann kann der Lehrer angemessen reagieren, wenn das Kind eine Angstattacke im Unterricht bekommt. Wichtig ist, dass dem Kind geholfen wird, die Angst auslösenden Situationen nicht instinktiv zu vermeiden, sondern sich ihnen peu á peu auszusetzen. Ein stetes Ausweichen vor dem Unangenehmen vergrößert sonst nur die Angst und fördert ihre Übersteigerung. Den Effekt kennt jeder, der einen Termin beim Zahnarzt immer wieder hinauszögert.

> **Angst vor der Schule**
>
> Manche Kinder im Autismus-Spektrum leiden unter Schulangst. Ein Faktor, der dazu führen kann, ist, dass sie ihr vertrautes Umfeld daheim so sehr brauchen, dass schon die tägliche Trennung davon Panik auslöst. Lehrer können hier nur mit Verständnis reagieren und ihre Hilfsbereitschaft signalisieren. Wirklich helfen kann wohl nur ein Psychologe.

3.10 Schulbegleiter: Die stille Begleitung

Tobias hatte in der Grundschule eine Schulbegleitung. Frau Freundlich ist mit ihm jeden Morgen gemeinsam zur Schule gegangen, saß während des Unterrichts hinten im Klassenzimmer und war immer an seiner Seite, wenn es Probleme gab. Mit Frau Freundlich konnte Tobias immer sprechen und fand bei ihr Ermutigung und Verständnis. Hilfreich war auch, dass Frau Freundlich immer alles im Unterricht mitgeschrieben hat, sodass Tobias, wenn er etwas nicht mitbekam, nachfragen konnte. Seit Tobias auf dem Gymnasium ist, muss er ohne Frau Freundlich auskommen. Jetzt ist vieles schwieriger für den Jungen. Aber Tobias ist auch stolz darauf, nun alleine wie die anderen Schüler in die Schule gehen zu können.

Ob Integrationshelfer, Schulbegleiter oder Unterrichtsbegleiter, die Begriffe werden regional unterschiedlich verwendet, bezeichnen aber immer dasselbe. Darunter wird eine Person verstanden, die besondere Kinder in die normale Regelschule begleitet und ihnen in vielen Fällen dadurch erst den Besuch dieser Schule ermöglicht. Die Aufgabe des Schulbegleiters besteht darin, für eine bestmögliche Integration des Kindes zu sorgen und zwischen ihm und dem Lehrer bzw. den Mitschülern zu vermitteln. Die Schulbegleitung ist weder ein Nachhilfelehrer noch ein »Aufpasser« für den Lehrer.

Auch wenn man sich als Lehrer irritiert fühlen kann, wenn plötzlich eine andere erwachsene Person im Unterrichtsraum sitzt und alles mithört, sollte man die Schulbegleitung nie als Gegner begreifen, sondern als Partner, der genau wie man selbst seine Arbeit tut. Die Arbeit des Lehrers besteht darin, der ganzen Klasse den Unterrichtsstoff zu vermitteln. Die Schulbegleitung hilft »ihrem« Kind, dass es trotz seiner Behinderung dem Unterricht folgen kann.

Eltern, die für ihr Kind eine Schulbegleitung beantragen wollen, informieren sich am besten beim Schulträger, Jugendamt oder anderen Sozialträger, wie sie vorgehen müssen. Eine bundesweit einheitliche Regelung gibt es dafür nicht. In der Regel wird eine Schulbegleitung für ein Jahr bewilligt. Danach kann und sollte in den meisten Fällen ein Antrag auf Verlängerung gestellt werden.

Umgang mit der Schulbegleitung: Tipps und Tricks für Lehrkräfte

- Gemeinsam sind wir stärker. Versuchen Sie als Lehrer, ein Team mit der Schulbegleitung zu bilden. Hilfreich kann sein, sich wöchentlich an einem festgesetzten Tag nach dem Unterricht zusammenzusetzen und Fortschritte sowie Probleme und Bedürfnisse des Kindes zu besprechen.
- Sich durch die Anwesenheit des Schulbegleiters im Unterricht nicht irritieren lassen. Denken Sie immer daran: Die Schulbegleitung kontrolliert nicht Sie. Sie ist alleine wegen einem Ihrer Schüler da.
- Der Schulbegleitung den Weg ins Lehrerzimmer öffnen. Wenn das Kind die Pausen alleine verbringen kann, ist es schön, wenn die Schulbegleitung in den Pausen in den Kreis des Lehrerkollegiums aufgenommen wird. Hier kann ein für beide Seiten fruchtbarer Erfahrungsaustausch stattfinden.
- Sich die Anwesenheit der Schulbegleitung nutzbar machen. Bei Klassenausflügen könnte es möglich sein, auf eine zusätzliche Begleitperson aus dem Lehrerpersonal zu verzichten, wenn eine Schulbegleitung mitfährt.

> **Exkurs: Sind Schulhelfer für Schüler im Autismus-Spektrum sinnvoll?**
>
> Schulhelfer und Schulbegleiter sind eine nützliche Einrichtung, wenn es darum geht, Schüler im Autismus-Spektrum in die Klasse einer Regelschule zu integrieren. Sie können wie ein Dolmetscher zwischen der Welt und der Sprache des Kindes und der Welt seines schulischen Umfelds fungieren. Schulbegleiter kennen »ihr« Kind ganz genau und können seine Stärken und Schwächen gut einschätzen. Sie sind auch für Lehrer ein idealer Ansprechpartner, wenn diese Fragen zum Autismus allgemein oder zu dem Schüler im Speziellen haben.
>
> Die Schulbegleitung sitzt während des Unterrichts im Klassenzimmer und achtet dabei auf ihren Schützling. Mitunter ist es so, dass die Schulbegleitung schon auf der Fahrt zur Schule dabei ist und das Kind auch auf dem Heimweg begleitet.
>
> Für viele autistische Kinder bedeutet es ein Gefühl von Sicherheit, wenn sie eine vertraute Person immer um sich wissen. Sie müssen in der Pause nicht mehr alleine herumstehen, wenn sie keinen Anschluss bei den anderen Schülern finden können oder wollen, und auf dem Weg zur Schule brauchen sie keine Angst mehr zu haben, dass sie von anderen Schülern attackiert werden. Schulbegleiter unterstützen und entlasten auch die Lehrer, wenn sie beispielsweise Aufsichtsaufgaben ausführen dürfen, wenn ihr Schützling bei Klassenarbeiten mehr Zeit zugebilligt bekommt.
>
> Manche Kinder im Autismus-Spektrum könnten ohne eine Schulbegleitung die Regelschule gar nicht besuchen, weil diese auf ihre besonderen Ansprüche nicht ausreichend reagieren kann. Regelschulen sind eben in erster Linie auf die Bedürfnisse von neurotypischen Schülern eingestellt.

Während bei manchen Kindern die Schulbegleitung wie eine Erlösung empfunden wird, kann sie bei einem anderen Kind mehr schaden als nutzen. Einige der genannten positiven Punkte können dann als Belastung empfunden werden. Ein Kind, das mit einer erwachsenen Begleitperson in die Schule kommt, fällt auf, sticht hervor, ist jetzt ganz eindeutig anders. Es gehört jetzt noch weniger als zuvor zu den anderen. Manche Kinder mit entwickelten sozialen Fähigkeiten haben häufig den einen oder anderen Freund und würden gerne mit diesen Schülern die Pause verbringen. Die Freunde kann es jedoch abschrecken, sich mit dem autistischen Kind *und* seiner Begleitperson zusammenzutun. Ähnliches gilt für den Schulweg. Das Kind kann schlimmstenfalls erst durch die Schulbegleitung unter Gleichaltrigen vereinsamen und isoliert werden.

Ob eine Schulbegleitung sinnvoll ist, muss deshalb von Fall zu Fall entschieden werden. Wichtig ist in jedem Fall, dass eine Schulbegleitung einfühlsam ist und in kritischen Situationen weiß, wann sie eingreifen bzw. auch mal einige Schritte zurücktreten muss, um das Kind nicht zu sehr einzuengen. Wenn die Schulbegleitung merkt, dass das Kind auch alleine zurechtkommt, sollte sie sich zurückziehen. Je nach Fähigkeiten und Integrationsgrad des Kindes kann man auch vereinbaren, dass die Begleitperson die Pausen im Lehrerzimmer verbringt und im Klassenraum nicht neben dem Kind, sondern hinten sitzt. Die Sorge, dass sich Mitschüler durch die Schulbegleitung gestört fühlen könnten, ist zumeist völlig unbegründet. Die anderen Schüler werden sie nach kurzer Zeit kaum mehr wahrnehmen. Sie gehört nun einfach dazu, als stiller Begleiter, über den man nicht mehr spricht. Ist eine Schulbegleitung schon längere Zeit in einer Klasse, kann es sogar passieren, dass manche Kinder sie ins Vertrauen ziehen und mit ihr über Probleme sprechen, mit denen sie weder zum Lehrer noch zu Mitschülern gehen würden.

Drei Argumente, warum Schulbegleiter sinnvoll sein können

- Beschulung ermöglichen: Manche Kinder im Autismus-Spektrum wären ohne Schulhelfer gar nicht oder nur unter dem möglichen intellektuellen Niveau beschulbar. Sie sind zwar hoch intelligent, weisen aber so viele soziale Defizite auf, dass sie ohne einen Schulhelfer an einer Regelschule nicht bestehen könnten.
- Schutz des Kindes: Mobbing und körperliche Gewalt sind keine Phänomene, die nur vereinzelt in Problemvierteln vorkommen, sondern leider bittere Realität an den allermeisten deutschen Schulen. Autistische Schüler können leicht Opfer von solchen Attacken werden. Schon alleine, um sie davor zu schützen, ist ein Schulhelfer immens wertvoll.
- Lehrer entlasten: Ein Schulhelfer kann einspringen, wenn die Möglichkeiten der Schule an ihre Grenzen stoßen. Benötigt ein autistisches Kind Extrazeit für eine Klassenarbeit oder Klausur – die ihm oft auch zugebilligt wird –, braucht es eine Aufsichtsperson für die Zeit, die es alleine weiterschreiben darf. Ebenso sollte jemand bei ihm sein, wenn das Kind als einziges die Pausen im Klas-

> senzimmer verbringen darf oder aus Überlastungsgründen während des Unterrichts einmal längere Zeit den Klassenraum verlassen muss.

Eine Problematik der Betreuung durch einen Schulhelfer besteht darin, dass das Kind – obwohl es vielleicht dazu in der Lage wäre – keine größere Selbstständigkeit erlernen kann. Unter Umständen beginnt hier ein Kreislauf: Auf die Betreuung in der Schule folgen eine Betreuung bei der Ausbildung, betreutes Wohnen, betreutes Arbeiten. In einigen Fällen ist es vielleicht nicht anders möglich. Trotzdem sollten zuvor alle Mittel ausgeschöpft werden, das Kind zur Selbstständigkeit zu erziehen und aus seinen Fähigkeiten das Maximum herauszuholen.

3.11 Probleme, sich zu organisieren

> Tobias hat große Probleme, Dinge zu planen. Unternehmungen sind für ihn eine Herausforderung. Er scheitert schon daran, sich zu überlegen, um wie viel Uhr er losgehen muss, wenn er nachmittags um eine bestimmte Uhrzeit irgendwo sein soll. Auch die Planung der Hausaufgaben ist schwierig für ihn. Oft sitzt Tobias Stunden vor den Büchern, ohne wirklich etwas zu tun. Ständig wechselt er von einem Fach zum anderen, läuft im Haus umher und trödelt, ohne es zu merken. Nicht selten hat er am späten Abend erst wenige Sätze geschrieben und gibt dann frustriert auf.

Viele Kinder im Autismus-Spektrum werden erst spät selbstständig. Andere brauchen bei vielen einfachen und alltäglichen Tätigkeiten lebenslang Hilfe. Große Probleme bereitet es vielen, sich zu organisieren. Sie wachen morgens mit dem Kopf voller Ideen auf, verleben den Tag dann aber, ohne auch nur eine davon umzusetzen oder etwas anderes Sinnvolles zu tun. Kinder muss man an vieles erinnern, selbst bei älteren Schulkindern müssen Eltern genau überwachen, dass sie an Hausaufgaben, Sportsachen oder das Pausenbrot denken. Dem Lehrer kann auffallen, dass die Kinder bei eigenständigem Arbeiten Probleme mit der Organisation haben, bei Klassenarbeiten mögen sie in Zeitnot geraten, da sie sich die Zeit nicht richtig einteilen können. Achten die Eltern nicht darauf, dass das Kind pünktlich in der Schule ist, kommen viele Schüler im Autismus-Spektrum notorisch zu spät.

Zum großen Teil sind Probleme mit der zeitlichen Organisation solche, die zu Hause bewältigt werden müssen, es sind also in erster Linie die Eltern gefragt. Lehrer können nur im schulischen Bereich helfen. So können sie bei Arbeiten zum Beispiel angeben, wie viel Zeit die Kinder auf die einzelnen Teilaufgaben verwenden sollen. Bei einem Aufsatz hilft es den Kindern, wenn der Lehrer ihnen sagt, wie lange das Vorschreiben oder das Notieren von Stichwörtern höchstens dauern darf.

> **Rechnen für den Alltag**
>
> Kinder mit großen Problemen in der zeitlichen Planung können von praktischen Rechenaufgaben profitieren. Vielleicht lassen sich im Matheunterricht Rechenaufgaben wie die folgende durchnehmen:
>   »Ina will um drei Uhr ins Kino gehen. Sie braucht eine Viertelstunde bis zur Bushaltestelle. Der Bus fährt 35 Minuten bis zum Kino. Wann muss Ina zu Hause losgehen?«
>   Wenn das Kind die Aufgabe inhaltlich nicht versteht, ist es wichtig, dass sich der Lehrer die Zeit nimmt zu erklären, worum es geht.

3.12 Schwankende Tagesform

Wenn Tobias einen guten Tag erwischt, dann wächst er schier über sich hinaus. An solchen Tagen merkt man kaum etwas von seiner Neurodiversität. Der Junge ist sozial relativ aufgeschlossen, lockerer als gewöhnlich und kann mit Veränderungen besser umgehen. Auch unter dem Sinneschaos durch zu viel einströmende Reize leidet er weniger. Dann gibt es die schlechten Tage. An diesen Tagen weist Tobias in vielen Bereichen erhebliche Defizite auf, manchmal kann er noch nicht einmal seine Schuhe zubinden, was an den meisten Tagen kein Problem für ihn ist.

Wer Tobias und seine Besonderheiten nicht richtig kennt, sagt, dass Tobias an solchen Tagen einfach nicht wolle oder sich nicht genug anstrenge.

Jeder Mensch kennt Tage, an dem ihm einfach alles gelingen mag, und andere Tage, an denen er sprichwörtlich mit dem falschen Bein aufgestanden ist. Schwankungen in der Tagesform sind normal.

Bei Autismus-Spektrum-Störungen können diese Tagesschwankungen stark beeinflussen, wie gut eine Person im Alltag funktioniert und wie sehr ihre Neurodiversität zum Tragen kommt. Es mag daher erstaunen, dass manche Dinge an bestimmten Tagen für den Schüler ein Ding der Unmöglichkeit sind, während er gleiches an anderen Tagen scheinbar locker und mühelos bewältigen kann. Wer dem Kind dann ein »Nicht-Wollen« vorwirft, tut ihm unrecht. Manche Betroffenen empfinden dieses Nicht-Können so, als hätten sie plötzlich die Kontrolle über bestimmte Körperfunktionen oder deren Koordination verloren.

Verständnis und Geduld sind in solchen Fällen vonseiten der Lehrer gefragt. Vorwürfe und Tadel vergrößern nur den Leidensdruck und die Frustration des Kindes. Auch tröstende Worte tun gut: »Es ist nicht schlimm, wenn du das heute nicht kannst. Vielleicht funktioniert es morgen besser.«

4 Allgemeine Probleme

4.1 Verständnisschwierigkeiten

> Tobias sind zu Beginn seiner Schulzeit seltsame Dinge passiert. Als der Lehrer zum Beispiel am ersten Tag sagte: »Schlagt das Buch auf!«, schlug Tobias sein Buch mit der Kante gegen den Tisch. Aufgegangen ist es dabei nicht. Dann sah er, wie die anderen Schüler das Buch aufblätterten. Für Tobias unbegreiflich: Warum hat der Lehrer nicht einfach gesagt, dass die Schüler das Buch aufblättern sollen? Warum hat er etwas von »schlagen« gesagt?
> Mittlerweile kennt Tobias viele der seltsamen Ausdrücke seiner Lehrer. Manchmal überraschen ihn aber auch heute noch Äußerungen. Dann fragt er nach, was genau gemeint ist.

Verständigungsprobleme und Missverständnisse in der Kommunikation mit einem autistischen Menschen können wunderliche und amüsant erscheinende Formen annehmen. Die Kommunikationsschwierigkeiten können mit der Kommunikation zweier Menschen vergleichbar sein, von denen einer die gemeinsame Kommunikationssprache nur bruchstückhaft beherrscht. Bei Menschen im Autismus-Spektrum liegen die Schwierigkeiten oft nicht nur darin, dass sie manche Wörter womöglich nicht kennen, sondern viel häufiger darin, dass sie alles wortwörtlich verstehen. Sie haben große Probleme, indirekt Formuliertem oder bildlichen Ausdrücken den eigentlichen Aussagewert zu entnehmen. Einige Beispiele: »Paul hat seine Stimme verloren.« – spontane Antwort: »Dann gehen wir sie doch suchen!«. »Er ist stark wie ein Baum.« Auch diese Äußerung ergibt für viele Menschen im Autismus-Spektrum keinen Sinn. Genauso ist es mit diversen Redensarten. Was meint jemand, der sagt, etwas sei, wie Perle vor die Säue werfen? Was bedeutet »alles auf die Goldwaage legen« und wann hat es jemals »Katzen und Hunde geregnet«?

Für autistische Menschen ist die sprachliche Welt ihrer Mitmenschen voller Rätsel. Es ist offensichtlich, dass Kinder hierbei in der Schule an ihre Grenzen stoßen können. Für Lehrer empfiehlt es sich, möglichst genau und akkurat zu formulieren und bildliche Ausdrücke, Redewendungen und dergleichen eher zu meiden. Verhält sich das Kind im Autismus-Spektrum merkwürdig und tut es etwas ganz anders als die anderen Schüler und als vom Lehrer erwartet, ist nachfragen angesagt: »Weißt du, was du jetzt machen sollst?«, »Hast du die Aufgabe verstanden?« Am besten ist es, den Schüler in eigenen Worten erklären zu lassen, was von ihm verlangt wurde. Liegt tatsächlich ein Missverständnis vor, kann der Lehrer einen erneuten Erklärungsversuch starten.

Ein Problem ist, dass ein Lehrer in einer Klasse mit 30 oder mehr Schülern nicht auf jeden in dieser Weise eingehen kann. Es kann helfen, dann ein Geheimzeichen mit dem autistischen Schüler zu vereinbaren: Hat er etwas nicht verstanden oder wundert er sich vielleicht, dass plötzlich alle rings um ihn herum die Bücher aufschlagen und zu schreiben beginnen, kann er das verabredete Signal geben. Dieses Signal sollte nicht zu auffällig sein, damit es die Mitschüler nicht stört und sie es bestenfalls gar nicht mitbekommen. Es kann zum Beispiel darin bestehen, dass der Schüler ein buntes Taschentuch auf den Tisch legt, einen Radiergummi oder einen Stift in einer verabredeten Weise positioniert oder sein Mäppchen ganz nach vorne auf den Tisch schiebt. Der Reiz von diesen »Geheimzeichen« ist neben der Unauffälligkeit des Hilfegesuchs auch, dass das Kind Spaß daran haben kann, mit dem Lehrer in diesen Codewörtern, die nur sie beide verstehen, zu kommunizieren. Für viele Kinder, die sich schwertun, direkt nach Hilfe zu fragen, ist dieser Weg besonders von Vorteil.

Um der Schwäche der autistischen Schüler, Redensarten zu verstehen, entgegenzuwirken, ist es hilfreich, Sprichwörter und Redewendungen im Deutschunterricht durchzunehmen. Obwohl wir alle regelmäßig diese Wendungen benutzen, wissen die wenigsten, wie sie entstanden sind und wo sie herkommen. Das kann ein interessantes Unterrichtsthema sein, an dem alle Schüler aktiv mitwirken können, beispielsweise, indem sie recherchieren, woher ihre Lieblingssprichwörter kommen. Was die Schüler herausfinden, können sie auf Plakaten aufschreiben und vielleicht in der Pausenhalle oder sogar auf einem Schulfest präsentieren. Spaß kann dieser Exkurs im Unterricht auch machen: Wer hätte schon gedacht, dass »Das kann doch kein Schwein lesen« gar nichts mit Schweinen zu tun hat, sondern auf eine gebildete Familie namens Swyn zurückgeht, die zu ihrer Zeit die schriftlich verfassten Nachrichten für viele ihrer Nachbarn lesen musste? Wenn nicht einmal ein Mitglied der Familie Swyn etwas lesen konnte, dann war es wahrlich unleserlich: »Kein Schwein (Swyn) konnte es lesen«.

4.2 Probleme, den Kontext zu erkennen

> Heute hat Tobias in der Schule mal wieder einen Text nicht verstanden. Es ging um eine Geschichte, in der ein Kind von seiner Mutter beim Einkaufen ein Eis bekam. Später ging das Kind mit seinem Vater noch einmal in die Stadt. Als sie an der Eisdiele vorbeikamen, sagte es: »Ich habe schon seit Wochen kein Eis mehr gegessen«, und der Vater kaufte ihm wie schon die Mutter zuvor ein Eis. Tobias' Kommentar: »Das Kind ist ja dumm. Es hat ein total schlechtes Gedächtnis.«

Um erzählende Texte zu interpretieren, reicht es selten, nur den genauen Wortlaut zu verstehen. Und genau das ist das Problem vieler Schüler im Autismus-Spektrum: Sie können kaum oder gar nicht »zwischen den Zeilen« lesen. Zudem konzentrieren sie sich auf eher unwichtige Details, während ihnen das Wesentliche entgeht. In der einleitenden Anekdote von Tobias kann das bedeuten, dass Tobias noch genau weiß, dass das Kind in der Geschichte Vanille-, Schokolade- und Erdbeer-Eis von der Mutter bekommen hat und vom Vater Zitronen-, Nuss- und Stracciatella-Eis. Diese Informationen spielen aber für den Kontext der Geschichte keine große Rolle. Entsprechend schwer fällt es den Kindern dann auch, mit ihrem Fokus auf unwesentliche Details einen roten Faden oder Sinn in dem Text zu erkennen und seine Aussage zu formulieren.

Lehrer können hier helfen, indem sie dem Kind Extrakopien geben, in denen sie die wichtigen Informationen markiert haben. Das Kind soll sich auf diese Stellen besonders konzentrieren. Bei der anschließenden Besprechung sollten Lehrer darauf achten, dass der Schüler im Autismus-Spektrum auch das versteht, was nicht explizit im Text ausgedrückt worden ist. Gibt es mehr als einen autistischen Schüler, würde es sich anbieten, für das Textverständnis einen extra Förderkurs anzubieten. Da auch andere Kinder, zum Beispiel solche aus Familien mit Migrationshintergrund, Probleme mit Texten haben können, könnten diese Angebote auf eine größere Zustimmung treffen und sich daher auch praktisch realisieren lassen. Hingegen bleibt eine Einzelförderung, die für einen Schüler im Autismus-Spektrum ideal wäre, zumeist eher Wunschdenken.

4.3 Aufforderungen: Keine Reaktion

»Kannst du das an der Tafel vorrechnen?«, fragt der Lehrer. Tobias nickt. Er rührt sich nicht von der Stelle. »Na, was ist?«, der Lehrer wird ungeduldig. »Kannst du das oder kannst du es nicht?« »Ich kann das«, sagt Tobias. Die Klasse lacht, als er immer noch sitzen bleibt. »Und warum kommst du dann nicht nach vorne?«, fragt der Lehrer. »Weil Sie davon nichts gesagt haben«, sagt Tobias. Nach einigem Hin und Her steht er auf, geht an die Tafel und schreibt die Rechnung korrekt auf.

Es gilt meist als höflich, Aufforderungen und Bitten indirekt zu formulieren. Anstatt zu sagen: »Räum endlich dein Zimmer auf!«, heißt es dann: »Kannst du dein Zimmer aufräumen?« Ein Mensch im Autismus-Spektrum kann diese Frage ohne Weiteres bejahen und doch keinerlei Anstalten machen, für Ordnung zu sorgen. Für ihn ist das kein Widerspruch.

Menschen im Autismus-Spektrum »kleben« geradezu an wortwörtlichen Bedeutungen. Das bedeutet im obigen Beispiel: »Ja, ich kann mein Zimmer aufräumen«. Genau dieses »Können« steht aber hier außer Frage. Anstelle um die Frage nach einer bloßen Fähigkeit, geht es hier um die Bitte, auch Entsprechendes auszuführen. Das bleibt jedoch einigen Kindern im Autismus-Spektrum verborgen. Die Konsequenz im Schulunterricht ist, dass das Kind Aufforderungen nicht nachkommt. Lehrer können helfen, indem sie Anordnungen, Bitten und Aufgabenstellungen klar als solche formulieren. Nur indirekt Ausgedrücktes oder mit zu vielen »Bittfloskeln« Versehenes kann falsch verstanden und ignoriert werden.

Kommt das Kind einer Aufforderung nicht nach, sollte der Lehrer sie noch einmal in einem einfachen Satz – vielleicht auch in der Befehlsform – wiederholen:
»Mathebuch auf Seite 56 aufschlagen. Jetzt.«
»Die Abbildung auf Seite 9 anschauen.«
»Lest, was auf dem Arbeitsblatt steht.«
Mit klaren, deutlichen, kurzen Anordnungen kommen die Kinder meist besser zurecht als mit blumigen, vor Höflichkeit trotzenden und ausschweifend formulierten Aufforderungen.

4.4 Brennpunkt Gruppenarbeit

Tobias ist ein typischer Autodidakt. Am besten lernt er, wenn er ungestört in seinem Zimmer ist, ihm die Aufgabe Spaß macht und er alles auf seine ihm eigene Arbeitsweise angehen kann. Oft staunen die Lehrer, was Tobias unter solchen Bedingungen zustande bringt. Ganz anders ist es, wenn Tobias in Gruppenarbeit mit Klassenkameraden etwas erarbeiten soll. Da er die meisten seiner Mitschüler nicht mag, verweigert er sich dann völlig:
»Die sind doch alle doof. Warum soll ich mit denen zusammenarbeiten? Warum soll ich denen etwas von meinen Gedanken abgeben?« Tobias sieht das gar nicht ein.

Viele Menschen im Autismus-Spektrum sind Einzelkämpfer. Das zeigt sich ganz besonders, wenn Partner- oder Teamarbeit angesagt ist. Genau diese Gruppenarbeiten sehen Empfehlungen für die Unterrichtsgestaltung heutzutage sehr oft vor. Lehrer kommen also kaum umhin, Entsprechendes auch anzubieten. Den meisten Kindern macht es auch Freude, einmal nicht Frontalunterricht zu haben, sondern sich selbst mit anderen zusammen etwas zu erarbeiten.
Autistische Schüler fügen sich der Gruppenarbeit jedoch nur äußerst ungern und widerwillig. Selbst wenn sie dazu bereit sind, kann es sehr oft scheitern. Das liegt zum einen an den Defiziten der Schüler im Kommunizieren und Diskutieren mit anderen. Ein noch größeres Hindernis kann ihre Neigung sein, alles ganz genau auf ihre Art machen zu wollen. Bei der Arbeit im stillen Kämmerlein ist das kein Problem, wohl aber, wenn man sich auf andere einstellen oder sich zumindest mit ihnen abstimmen muss. Viele Schüler im Autismus-Spektrum mögen in solchen Situationen zu einem »Alles oder Nichts«-Prinzip greifen: Entweder, sie machen alles alleine und die anderen Gruppenmitglieder müssen sich mit ihren Ergebnissen identifizieren, oder aber sie ziehen sich ganz raus und geben keinerlei Beitrag zu der gemeinsamen Arbeit. Weder das eine noch das andere ist Sinn der Gruppenarbeit.

4 Allgemeine Probleme

Einen Schüler im Autismus-Spektrum zur Gruppenarbeit zu motivieren, ist nicht leicht. Lehrer sollten zunächst genau erklären, wie sie sich die Gruppenarbeit vorstellen und wie so etwas funktioniert. Wichtig ist, das Kind nicht zu überfordern. Anstatt es gleich in eine laute Fünfergruppe zu setzen, sollte man erst einmal Partnerarbeit, optimalerweise mit einem ausgesuchten Partner, versuchen. Wichtig ist auch eine Begrenzung der zeitlichen Dauer. Statt ein mehrtägiges Projekt anzugehen, ist für den Anfang eine kleine Aufgabe ratsam, die sich schon in einer viertel oder halben Stunde bewältigen lässt. Anschließend hilft eine Feedbackrunde: Was hat dem Schüler gefallen, was nicht? Wie empfand sein Partner die gemeinsame Arbeit? Was können beide in Zukunft besser machen?

Zu dem Konzept der Gruppenarbeit gehört auch, dass man nicht immer mit den gleichen Partnern zusammenarbeitet, sondern ebenso lernt, sich auf neue Partner einzustellen. Das ist bei Kindern im Autismus-Spektrum eher kontraproduktiv. Bei ihnen sollte man die Gruppen nicht zu oft ändern – ausgenommen natürlich in dem Fall, dass sie sich mit ihrem/ihren Gruppenpartnern nicht (mehr) verstehen.

4.5 Ärger mit der Handschrift

> Wenn der Lehrer etwas an die Tafel schreibt, sollen die Kinder es meist gleich abschreiben. Manchmal wartet der Lehrer auch, bis er mit den Kindern das Geschriebene besprochen hat, bevor er es abschreiben lässt. Wie auch immer – nach einer bestimmten Zeit erwartet er, dass alle fertig sind. Tobias schafft es selten, in der vorgegebenen Zeit alles zu notieren. Und wenn doch, dann ist es so unleserlich, dass er zu Hause kaum noch etwas entziffern kann.

Wie schon in ▶ Kap. 2.6.2 beschrieben, können Menschen im Autismus-Spektrum unter motorischen Problemen leiden. Diese können sich auf die Feinmotorik auswirken und damit Tätigkeiten wie das Schreiben beeinträchtigen.

Typisch für viele Schüler im Autismus-Spektrum ist eine schlechte Handschrift. Viele halten auch den Stift merkwürdig und gehen unbeholfen mit dem Schreibgerät um. Andere wollen oder können nur mit einem ganz bestimmten Stift schreiben und verweigern sich dem ganzen Schreibprozess, wenn der Lieblingsstift nicht da ist.

Die bevorzugte Lösung vieler Kinder im Autismus-Spektrum besteht darin, mit dem Computer schreiben zu dürfen. Die Tasten auf der Tastatur zu drücken fällt ihnen um einiges leichter, als einen Stift über das Papier zu führen. Wenn diese Lösung nicht möglich ist, muss ihnen bei Schreibübungen sehr oft mehr Zeit zugestanden werden. Gerade unter Druck gesetzt, können viele neurodiverse Menschen gar nicht mehr arbeiten. Wenn beispielsweise eine Tafelabschrift anzufertigen ist und das Kind nicht fertig geworden ist, dann kann es die Abschrift ungestört in der Pause zu Ende bringen. Mehr Aufwand für den Lehrer, aber für das Kind am angenehmsten ist es, wenn der Lehrer ihm Tafelbilder ausgedruckt zur Verfügung stellen kann. Gegebenenfalls kann das Kind diese in Ruhe und ohne Zeitdruck zu Hause noch einmal in sein Heft übertragen. Der Lerneffekt ist hierbei sicherlich größer, als wenn das Kind unsaubere und kaum lesbare Schriften mit nach Hause nimmt, mit denen es überhaupt nicht arbeiten kann. Und noch etwas ist an dieser Lösung von Vorteil: Oft ist es so, dass der Lehrer, während die Schüler schreiben, noch etwas zum Thema sagt oder bereits eine Aufgabe dazu stellt. Die meisten Kinder können beim Schreiben problemlos zuhören – autistische Kinder können das nicht. Sie verpassen also wichtige Informationen, Erklärungen und Aufforderungen, so lange der Schreibprozess ihre ganze Aufmerksamkeit beansprucht.

4.6 Der Frust mit den Buchstaben: Lese- und Rechtschreib-Schwäche

Tobias' Oma ist entsetzt. Als sie im Krankenhaus war, hat sie einen Brief von Tobias bekommen. Der Inhalt war zwar nett geschrieben, doch was die Oma störte, war die Rechtschreibung des 14-Jährigen: »Liebe Ooma, wie get es dihr? Mirr get es guht. Nuur diee Schule isst dof. Ich …«

Den Begriff Legasthenie prägte Anfang des 20. Jahrhunderts der ungarisch-österreichische Psychologe Pál Ranschburg. Er beschrieb damit Schwierigkeiten beim Erwerb des Lesens und Schreibens. International spricht man auch von Dyslexie. Bei Kindern im Autismus-Spektrum tritt dieses Problem häufiger auf als bei neurotypischen Gleichaltrigen.

4 Allgemeine Probleme

Bei der Legasthenie oder den Lese-Rechtschreib-Schwierigkeiten (LRS, früher auch Lese-Rechtschreib-Schwäche genannt) bleibt ein Kind hinter seinen Altersgenossen im Lesen und Schreiben zurück. Dies kann bei dem Kind zu Schulangst, einem verringerten Selbstvertrauen, Resignation oder Aggressivität führen. Besteht bei einem Kind der Verdacht auf RLS, sind die weiteren Anlaufstellen der schulpsychologische Dienst, eine Erziehungs- oder Legasthenie-Beratungsstelle, eine Psychologische Praxis oder eine Neurologische Klinik. Symptome, die Eltern Hinweise geben können, sind folgende: Beim Vorlesen treten häufig Fehler auf und die Kinder lesen auffällig langsam und unter sichtbarer Anstrengung.

Wörter werden silbenweise und Sätze stockend und Wort für Wort erfasst. Häufig lesen Kinder Lautfolgen, bei denen Einzellaute zu einem neuen Laut verschmelzen sollten, Laut für Laut. Entsprechend holprig erscheint der Vorleseprozess. Das Verständnis vom Gelesenen bleibt für den Nachwuchs dabei weitgehend auf der Strecke.

Beim schriftlichen Ausdruck fällt auf, dass beim Diktat und freien Schreiben und selbst beim simplen Abschreiben viele Fehler auftreten. Die betroffenen Kinder verwechseln Buchstaben, die wie »t« und »d« ähnlich klingen und auch solche, die ähnlich aussehen wie »b« und »d«. Weiterhin bringen die Kinder die Buchstabenreihenfolge im Satz durcheinander und lassen Buchstaben und ganze Wörter einfach weg. Allgemein fällt ein gehemmtes Schreibverhalten auf. Auch in der gesprochenen Sprache treten Schwierigkeiten auf. Die Artikulation ist undeutlich, der Wortschatz häufig zu klein fürs Alter und die Kinder leiden unter Wortfindungsstörungen. Häufig sprechen sie grammatikalisch oder syntaktisch falsch und geraten leicht ins Stocken.

Die Probleme mit dem Lesen und Schreiben schlagen sich im Verhalten nieder. Viele der betroffenen Kinder leiden unter Schul- und Versagensangst, fallen durch Reizbarkeit und erhöhte Aggressivität auf, andere neigen zur Hyperaktivität oder versuchen, die eigenen Schwächen dadurch wettzumachen, dass sie die Rolle des »Klassenclowns« annehmen. Psychosomatische Störungen wie permanente Bauch- oder Kopfschmerzen können auftreten.

Im normalen Schulunterricht sind meistens weder Zeit noch Möglichkeiten vorhanden, diese Schüler intensiv zu fördern. Bei Lese-Rechtschreib-Schwierigkeiten sind daher vor allem die Eltern gefragt, mit ihren Kindern zu Hause zu lernen und entsprechenden Förderunterricht zu organisieren.

Bei Schwierigkeiten im Lesen oder Rechtschreiben, die nachgewiesenermaßen durch die Legasthenie bedingt sind, können bei der Notengebung in der Unter- und Mittelstufe Zugeständnisse gemacht werden. Erforderlich sind dann entsprechende Vermerke im Zeugnis.

4.7 Mündliche Beteiligung

> Tobias ist gut in Chemie. Die Aufgaben bereiten ihm keine Schwierigkeiten, sie machen ihm sogar Spaß. Als der Lehrer jedoch Noten verteilt, bekommt Tobias nur eine Vier. Tobias versteht das nicht: Er kann doch alles! Davon hat der Lehrer kaum etwas mitbekommen. Tobias kriegt im Unterricht so gut wie nie den Mund auf. »Aufzeigen finde ich doof. Und wenn ich was sage, lachen die anderen.« Der Junge hat es sich daher abgewöhnt, am Unterricht mündlich teilzunehmen.

Die mündliche Mitarbeit kann bei autistischen Kindern ein großes Problem sein. Viele schweigen sich beharrlich durch die Schulstunden.

Das hat verschiedene Ursachen. Viele Schüler im Autismus-Spektrum brauchen mehr Zeit, bis sie eine Frage beantworten können. Sie nehmen verbale Informationen langsamer auf als viele andere Schüler, auch dauert es länger, bis sie ihre Gedanken geordnet haben und in Worten formulieren können. Im Wettbewerb mit anderen Schülern – zumal bei Lehrern, die auf schnelle Antworten warten und gerne den drannehmen, der als erster aufzeigt – verschafft den Kindern ihre Langsamkeit einen großen Nachteil.

Bei einigen Kindern kommt hinzu, dass sie mit der Zeit eine Hemmschwelle aufgebaut haben, sich überhaupt zu melden. Viele dieser Schüler haben in der Vergangenheit schlechte Erfahrungen gemacht und sind zum Beispiel von Mitschülern ausgelacht oder verspottet worden. Sei es, weil sie etwas gesagt haben, das unbeabsichtigt komisch wirkte, sei es, dass man sich über ihre Stimme, Ausdrucksweise oder Betonung lustig machte.

Dann gibt es im Gegenteil Schüler im Autismus-Spektrum, die sich ständig zu Wort melden und dann höchst eloquente, ewig lange Ausführungen vorbringen. Diese Beiträge schweifen oft weit von dem ab, was der Lehrer wissen wollte, und kreisen meist um das spezielle Interessengebiet des Schülers. Für den Unterricht relevant ist oft nur wenig davon – ein Problem für die Benotung. Auch können neunmalkluge Äußerungen und eine gewisse Besserwisserei des Schülers für den Lehrer strapazierend sein. Hier könnte man eine Regelung einführen, die etwa die Länge einer Meldung festlegt: »Du darfst maximal eine Minute sprechen.« Oder: »Ein Beitrag darf höchstens fünf Sätze lang sein.« Mit solchen festen Regeln können sich Kinder im Autismus-Spektrum oft recht gut anfreunden.

Grundsätzlich ist zu überlegen und im Einzelfall zu entscheiden, wie sehr die mündliche Mitarbeit bei Schülern im Autismus-Spektrum in die Endnote eingehen sollte. Oft besteht ein großer Unterschied zwischen dem tatsächlichen Wissen des Kindes und seinen Leistungen in Klassenarbeiten und dem, was es im Unterricht sinnvoll beitragen kann. Das Mündliche hier angesichts der kommunikativen Behinderungen des Kindes weniger stark zu berücksichtigen, könnte eine faire Lösung sein.

> **Schriftlich – mündlich – »köpflich«**
>
> Bei Schülern im Autismus-Spektrum können mündliche und schriftliche Leistungen sowie das, was sie tatsächlich wissen und können, weit auseinander liegen. In der Regel ist es so, dass die Kinder ihr Wissen noch am besten schriftlich ausdrücken können. Eine gerechte Notengebung sollte daher die durch die Behinderung hervorgerufenen Probleme bei der Mitarbeit angemessen berücksichtigen.

4.8 Zu große Klasse

> Einige seiner Klassenkameraden erkennt Tobias auf dem Schulhof nicht. Für ihn besteht seine Klasse aus einer großen, wenn man ihn fragt, viel zu großen Ansammlung von Gesichtern, die ohne Bedeutung und ohne Ausdruck bleibt. Nur mit wenigen Mitschülern hat er überhaupt Kontakt. In der Masse seiner Klassenkameraden hat er das Gefühl, unterzugehen, oder wie Tobias sagt: »Ich ertrinke in Menschen«. Das gilt besonders dann, wenn er mit ihnen zusammengepfercht im Klassenzimmer sitzt.

Große Klassen bedeuten für alle Stress – für Lehrer und für Schüler. Für Schüler im Autismus-Spektrum ist es trotzdem noch mal eine ganz besondere Herausforderung, inmitten so vieler anderer Kinder konzentriert zu arbeiten. Es ist nicht nur so, dass sie unter dem erhöhten Lärmpegel besonders leiden und sich oft gar nicht mehr auf den Unterricht konzentrieren können. Hinzu kommt, dass die Gegenwart vieler Menschen in autistischen Kindern Panik, Angst, auf jeden Fall ein inneres Unbehagen auslösen kann. Das führt zu anhaltendem, negativem Stress. Ständig derart unter Spannung zu stehen, ist weder gesund noch förderlich fürs Lernen.

Gegen zu große Klassen kann selbst der beste und engagierteste Lehrer nichts tun. Lehrer sollten jedoch immer beachten, dass autistische Kinder besonders unter der für alle unliebsamen Situation leiden und dass sich das mehr noch als bei anderen Schülern in ihren Leistungen widerspiegeln kann.

> **Zu viele Mitschüler machen krank**
>
> Schlechte oder nachlassende Unterrichtsleistungen, Schulangst und auffälliges Verhalten wie Aggressionen können bei Schülern im Autismus-Spektrum durch eine zu große Klasse ausgelöst werden.

Ein anderer Aspekt hinsichtlich der Klassenstruktur ist, dass Lehrer mit zu vollen Klassen und aufmüpfigen Schülern verständlicherweise überfordert sein können. Manche wählen dann einen scheinbar einfachen Weg und lassen die frechsten Schüler nicht nur einfach gewähren, sondern bevorzugen diese manchmal auch noch ausdrücklich. Dieses Verhalten kann bei einem autistischen Kind – das häufig einen sehr hohen Gerechtigkeitsanspruch hat – zu einer Oppositionshaltung gegenüber dem als ungerecht und schwach empfundenen Lehrer führen. Das Kind akzeptiert den Lehrer nicht mehr und glaubt vielleicht noch nicht einmal mehr, was dieser im Unterricht erzählt. Den Aufforderungen des Lehrers kommt es nicht mehr nach. Der Lehrer hat an Ansehen in den Augen des Schülers im Autismus-Spektrum so sehr eingebüßt, dass er im schlimmsten Fall in der Welt des Kindes gar nicht mehr existiert.

Ein wichtiger Tipp für Lehrer, die mit autistischen Schülern zu tun haben, ist daher, dass sie mehr noch als bei normalen Klassen in allem, was sie tun, konsequent und möglichst gerecht agieren. Gerechtigkeit, Fairness und Gradlinigkeit sind Eigenschaften, die Menschen im Autismus-Spektrum in der Regel sehr schätzen.

4.9 Aufmerksamkeitsprobleme

> Oft interessiert Tobias der Unterrichtsinhalt nicht. Wenn im Deutschunterricht Gedichte, im Englischunterricht das englische Schulsystem oder in Religion abstrakte Themen wie Liebe oder Freundschaft vorkommen, schaltet Tobias nach wenigen Sekunden ab. Er zieht sich dann in seine eigene Welt oder besser gesagt, seine Fantasiewelt »Smex« zurück. In Gedanken entwirft er neue Pläne, macht erste Skizzen in sein Heft und vergisst alles um sich herum. Am Ende der Stunde weiß er manchmal noch nicht einmal mehr, welches Fach er gerade gehabt hat. Hausaufgaben hat Tobias dann auch nicht mitbekommen. »Wir hatten doch nichts auf«, ist dann Tobias' Kommentar in der nächsten Stunde. Und darauf beharrt er so fest, dass die Lehrer ratlos sind.

Wenn etwas gar nicht interessiert, können sich die meisten Menschen nicht so gut konzentrieren. Die Versuchung, die Gedanken abschweifen zu lassen, ist dann bei jedem da. Menschen im Autismus-Spektrum können im Allgemeinen ohnehin nie sehr lange konzentriert und aufmerksam zuhören, wenn es sie nicht stark interessiert. Wenn das Thema dann nur als langweilig und irrelevant empfunden wird, sind sie schnell geistig irgendwo anders und klinken sich ganz aus dem Geschehen aus. Manche nehmen sogar aktiv eine Blockadehaltung ein: Das interessiert mich nicht, das will ich nicht, da mache ich nicht mit. In der Schule ist diese Einstellung fatal. Ein Kind, das überhaupt nicht zuhört, dauernd an etwas anderes denkt und sich dem Unterricht verweigert, kann auch nichts lernen.

Wie aber können Lehrer die ohnehin begrenzte Aufmerksamkeit eines Kindes im Autismus-Spektrum auf sich und den Unterrichtsstoff lenken? Als wichtige Regel gilt, nie zu überfordern, also nie zu lange Lerneinheiten durchzuführen und nie zu lange vor der Klasse zu erzählen und zu erklären. Für Abwechslung sorgen Grafiken, moderne Medien, etwa der Einsatz von Videos oder Powerpoint-Folien, sowie ausgefallene Herangehensweisen an ein Thema. Bei letzterem ist die Fantasie des Lehrers gefragt: Um Kinder für ein Gedicht wirklich zu begeistern, hilft es oft wenig, dieses auswendig lernen zu lassen. Warum nicht stattdessen eine Szene daraus nachbasteln? Bietet das Englischlehrbuch trägen Stoff wie die schon erwähnte Beschreibung des Schulsystems in Großbritannien, kann man den Schülern aufgeben, ein für sie perfektes Schulkonzept zu entwickeln. Sie sollen auf Englisch darlegen, wie viele Schuljahre sie ideal finden, was im Unterricht gelernt werden soll und wie lange, wann und wo der Unterricht stattfinden soll. Bei abstrakten Themen wie Liebe und Freundschaft ist ein spannender Ansatz, wenn die Kinder eine Woche lang notieren sollen, wo und in welchen Zusammenhang sie diese Begriffe hören oder lesen. Berichten Zeitungen darüber? Ist Liebe im Fernsehen ein Thema? Sprechen die Eltern über Freundschaft?

Wenn Kreativität gefragt ist und die Schüler eine gewisse Freiheit bei der Bewältigung der Aufgabe haben, weckt das sehr oft das Interesse eines Kindes im Autismus-Spektrum und infolgedessen seine aktive Teilnahme am Unterricht.

4.10 Visuelles Denken

> Tobias denkt in Bildern. Alles, was er denkt, sieht er sofort bildlich vor sich. Die Sprache aus Wörtern ist für ihn wie eine Fremdsprache, in die er seine Bilder erst übersetzen muss. Manchmal wünscht sich Tobias, er könne anderen einfach die Bilder in seinem Kopf zeigen, anstelle sie erst mühsam in Wörter und Begriffe übersetzen zu müssen. Besonders, wenn er müde ist, strengt ihn der verbale Ausdruck an.

Das Denken in Bildern ist nicht nur autistischen Menschen vorbehalten, vielmehr sind viele, meist sehr kreative Menschen wie Künstler und Erfinder visuelle Denker. Visuelles Denken kann nicht nur die Kreativität begünstigen, sondern auch das Vorstellungsvermögen und die räumlich-visuellen Fähigkeiten verbessern. Das Gedächtnis von visuellen Denkern ist häufig besonders gut. Das kann bis zum Extrem des fotografischen Denkens gehen, bei dem ganze Buchseiten wie eine innere Kopie behalten werden.

Visuelles Denken kann aber auch zu Problemen und Missverständnissen führen, zum Beispiel im Unterricht. Menschen im Autismus-Spektrum, die in Bildern denken, sehen meistens nur die Hauptbedeutung oder die Bedeutung eines Wortes, die ihnen am geläufigsten ist, vor sich. Als Beispiel sei der Begriff »Birne« erwähnt. Wenn es im Biologieunterricht um eine »Birne« geht, ist damit etwas anderes gemeint als im Physikunterricht. Wenn das Kind jedoch auch in Physik zunächst an das Obst denkt, führt das zwangsläufig zu Verständnisproblemen. Hier kann es helfen, wenn Lehrer sich möglichst deutlich ausdrücken, und in diesem Fall betont von der »Glühbirne« sprechen und nicht einfach nur von »Birne«.

Weiterhin ist es so, dass Menschen im Autismus-Spektrum auch viele Redewendungen direkt in den konkreten Bildern vor sich sehen. Beim Beispiel »Hast du Tomaten auf den Augen?« sehen viele Menschen, die in Bildern denken, Tomaten vor sich. Auch bei Redewendungen wie »Willst du mich veräppeln?« kommen Bilder ins Spiel; hier sieht der Schüler im Autismus-Spektrum Äpfel oder Pferdeäpfel vor sich. Je nachdem können solche Redewendungen im Unterricht zu Reaktionen wie einem Lachanfall führen. Bei solchen plötzlichen Reaktionen sollten Lehrer genau nachdenken, was sie gerade gesagt haben. War es vielleicht etwas wie »Da kräuseln sich mir ja die Zehennägel«, dann ist verständlich, dass das Bild »der Lehrer mit gekräuselten Zehennägeln« das Kind zum Lachen gebracht hat.

> **Kreativität fördern**
>
> Visuelles Denken ist keine Behinderung, sondern eine besondere Fähigkeit, die man durchaus auch nutzen kann. So beruhen zum Beispiel viele Methoden, das Gedächtnis zu trainieren, auf visuellen Konzepten. Bei der »Weg-Methode« merkt man sich zum Beispiel Begriffe, indem man sie auf einem bestimmten, sehr gut bekannten Weg, etwa einer Runde durch die Wohnung, ablegt und beim gedanklichen Durchwandern der Wohnung wieder erinnert. Bei einer Strategie, sich Zahlen zu merken, soll man sich jede Zahl als Bild vorstellen, zum Beispiel die »1« als »Leuchtturm«. Auch das »Mindmap« zum Strukturieren und Ordnen von Gedanken ist eine visuelle Methode.

Mit visuellen Herangehensweisen können Lehrer ihren Schülern Hilfen an die Hand geben, wie sie besser lernen können. Gleichzeitig fördern sie damit noch die Kreativität. Vielleicht kann der Schüler im Autismus-Spektrum dazu besondere Tipps und Ratschläge beisteuern.

4.11 Zeitmangel

Unter Druck kann Tobias nicht arbeiten. Er wird zunehmend nervös und zappelig, schließlich kommt es zu einer völligen geistigen Blockade. Tobias kann in so einem Fall nur noch resigniert aufgeben. Bei einigen Klassenarbeiten hat er sich dadurch schon um eine bessere Note gebracht. Seit er aber von vorneherein bei Klassenarbeiten mehr Zeit bekommt, ist das besser geworden. Allein schon das Gefühl, nicht in Zeitnot geraten zu müssen, lässt Tobias Aufgaben effizienter und sogar schneller erledigen.

4 Allgemeine Probleme

Die Gründe, weshalb ein Schüler im Autismus-Spektrum in der Schule unter Zeitmangel leidet, können verschieden sein. So kommen motorische Probleme, die etwa die Schreibgeschwindigkeit beeinträchtigen, ebenso vor wie Schwierigkeiten, Gedanken in Wörter und Sätze zu übersetzen. Nicht zuletzt brauchen die betroffenen Kinder oft auch mehr Zeit, um überhaupt die Aufgabe zu verstehen und sich in Aktivität zu versetzen.

Das Beginnen bei einer Klassenarbeit kann schon die erste Hürde sein. Manchmal ist diese Starthemmung, also die Hemmschwelle vor dem Anfangen, so groß, dass der Schüler dadurch immens viel Zeit verliert. Wenn er dann noch sieht, wie viel die Mitschüler bereits geschrieben haben und wie die Minuten dahin rinnen, kann es passieren, dass er am Ende der Stunde kaum mehr als ein leeres Blatt abgibt, den Kopf aber voller guter Gedanken hat.

Sehr entlastend wirkt auf viele betroffene Kinder, wenn ihnen mehr Zeit zugesprochen wird. Am besten ist für sie, wenn sie die ganze Arbeit alleine mit einer Aufsichtsperson in einem abgetrennten Raum schreiben dürfen. Lässt sich das nicht machen, ist es vielleicht möglich, dass das Kind erst mit den anderen zusammen die Arbeit schreibt und sich für seine Extrazeit in eine andere Klasse, die gerade eine Arbeit schreibt, oder das Lehrerzimmer setzt. Ungünstig ist dabei natürlich, dass das Kind seine Arbeit unterbrechen muss.

Dass autistische Kinder mehr Zeit für vieles benötigen, sollten Lehrer auch in ganz anderen banalen Situationen bedenken. Im Sportunterricht kann das An- und Umziehen betroffen sein, in der Pause das Essen des Schulbrots und selbst das Auspacken von Schulbüchern aus der Tasche kann gefühlte Ewigkeiten dauern.

> **Sorgfalt kostet Zeit**
>
> Viele Menschen im Autismus-Spektrum arbeiten sehr gewissenhaft und sorgfältig. Sollen sie im Mathematikunterricht einen Graphen zeichnen, gehen sie dem penibel genau nach. Auch das gründliche Lesen eines Textes kann sehr lange dauern. Einfach mal »fünfe gerade sein lassen« und eine Zeile im Text überspringen, können diese Kinder nicht.

4.12 Depressive Störungen: Was tue ich, wenn das Kind nicht mehr leben will?

Tobias' Eltern können sich noch gut daran erinnern: In der Grundschule hatte Tobias eine schlimme depressive Phase. Das war kurz nachdem ihm die Eltern von seiner Autismus-Diagnose erzählt hatten. Tobias empfand sich als behindert und gestört und ihm war bewusst, dass sich seine Neurodiversität nicht »heilen« lassen würde. Der Junge zog sich völlig zurück und ließ nichts und niemanden an sich heran. Die Schule ertrug er nur noch und ließ alles teilnahmslos an sich vorbeiziehen. Als der Klassenlehrer ihm sagte, dass das so nicht weitergehe, sagte der damals Neunjährige: »Ich bring mich eh bald um.«

Für einige autistische Kinder ist es eine fast schon traumatische Erfahrung, von ihrer Diagnose zu erfahren. Viele hatten zuvor doch immer noch die Hoffnung gehabt, irgendwann normal und wie die anderen werden zu können, und jetzt erfahren sie, dass das wohl niemals eintreten wird. Sie verstehen, dass in ihrem Kopf etwas anders, ihrem Empfinden nach »kaputt«, ist, und bekommen Angst. Was soll nur aus ihnen werden? In solchen Phasen kann es zu psychischen Auffälligkeiten und Erkrankungen kommen, die sich auch auf die Schule auswirken. Mit psychischen Krankheiten sind aber sowohl Eltern als auch Lehrer überfordert, hier sind Fachkräfte gefragt. Erschwerend kann bei manchen Kindern im Autismus-Spektrum hinzukommen, dass sie in Situationen besonderer seelischer Belastung völlig abblocken und keine Therapie, keine Hilfe, nichts an sich heranlassen. Die Kinder bauen mehr und mehr ab, ohne dass man sie erreichen kann.

Lehrer können in einer solchen Situation zur Gesundung des Kindes beitragen, indem sie ihm den Schulalltag so angenehm wie möglich gestalten und Verständnis für seine Lage aufbringen. Sehr helfen kann, wenn der Lehrer die ganze Klasse mobilisiert, dem autistischen Mitschüler zu zeigen, dass er so, wie er ist, in Ordnung ist und akzeptiert wird. Toll ist, wenn andere Schüler ganz offen mit der Besonderheit des Kindes umgehen, kameradschaftlich auf es zugehen, sich um den Mitschüler kümmern und sich bemühen, ihn in die Klassengemeinschaft zu integrieren. Dadurch lernt das Kind, dass auch ein Leben im Autismus-Spektrum lebenswert ist und man auch als neurodiverser Mensch liebenswert ist.

Lehrer können sich mit Recht überfordert fühlen, wenn einer ihrer Schüler nicht mehr leben möchte. Diese Reaktion ist völlig normal und menschlich. Wichtig ist, dass dann auch Lehrer Ansprechpartner haben und eine Supervision zur Seite gestellt bekommen. Niemand kann in einer solchen Situation alles intuitiv richtig machen. Fehler können jedoch folgenreich sein. Wenn ein Kind ernsthaft suizidgefährdet ist, ist die Schule sicherlich auch vorübergehend nicht mehr der richtige Ort für den Schüler. Dann ist er besser in einer psychiatrischen Klinik oder Tagesklinik aufgehoben.

4.13 (Reiz-)Überflutung und »Overload«: Wie reagiere ich?

In der Klasse ist es laut, zum Fenster strahlt die Sonne herein und brennt Tobias ins Gesicht. Als dann noch ein Mitschüler unentwegt mit seinem Kugelschreiber knipst, rastet Tobias aus. Er schreit um sich, geht auf den Jungen los und ist durch nichts mehr zu beruhigen. Erst nachdem er minutenlang durch die Klasse getobt ist, alles Mögliche um sich geworfen hat und schließlich von zwei Mitschülern und dem Lehrer gebremst wurde, kommt er wieder zu sich. Tobias ist hinterher so fertig, dass er nur noch apathisch dasitzt.

Totale Überforderung kann zum »Overload« führen. Die Betroffenen sind dann nicht mehr sie selbst und können kaum noch Verantwortung für ihr Handeln übernehmen. Sie geraten völlig außer Kontrolle und werden in ihrem Verhalten unberechenbar.

Entscheidend ist, im Vorfeld alles zu tun, um diese maßlose Überforderung zu vermeiden. Das gelingt nicht immer. An manchen Tagen ist das Kind einfach weniger belastbar, die Klasse vielleicht gereizter und die äußeren Faktoren wie Licht, Temperatur oder Geräuschkulisse sind besonders ungünstig. Dann kann es trotz aller Bemühungen zum Zusammenbruch kommen.

Wie können Lehrer dem Kind in so einem Zustand helfen? Am besten ist es, den Schüler so schnell wie möglich aus dem Klassenumfeld zu entfernen. Hat er eine Schulbegleitung, kann er mit dieser zusammen über den Schulhof spazieren oder sich in einen ruhigen Raum setzen. Dem Kind sollte dabei so viel Zeit zugestanden werden, wie es braucht.

Wenn es möglich ist, kann es die beste Lösung sein, den autistischen Schüler nach Hause zu schicken. Dort sollte er unbedingt beaufsichtigt werden, da Menschen im Autismus-Spektrum in solch einem Zustand auch zu selbstverletzendem und selbstschadendem Verhalten neigen können. Ganz wichtig ist Verständnis. Das Kind darf auf keinen Fall stigmatisiert werden. Stattdessen erklärt der Lehrer der Klasse, wie und warum es zu dem Vorfall gekommen ist und wie man gemeinsam in Zukunft helfen kann, so etwas zu vermeiden.

5 Fachspezifische Probleme

5.1 Mathematik/Naturwissenschaften

> Tobias war schon immer gut in Mathe. Probleme gab es erst, als Zeichnen in Geometrie angesagt war. Tobias brauchte ewig, um geometrische Figuren zu zeichnen, und dann war der Lehrer mit dem Ergebnis fast nie zufrieden. Zu verschmiert, zu viel radiert und zu wenig flüssig gezeichnet, waren die Kommentare. Tobias selbst mochte Geometrie trotzdem gerne: Er fand es gut, sich dadurch ein Bild vom Berechneten machen zu können.

Mathematik, bei vielen Schülern ein eher ungeliebtes Fach, fällt vielen Menschen im Autismus-Spektrum, die gerne logisch denken und bisweilen auch ein besonderes Faible für Zahlen haben, häufig recht leicht. Manche können hervorragend kopfrechnen, andere jedoch sind im Rechnen eher miserabel. Eine Autismus-Spektrum-Störung ist also nicht grundsätzlich mit einer mathematischen Begabung gleichzusetzen.

Auch die Naturwissenschaften gehören für Menschen im Autismus-Spektrum zu den generell bevorzugten Fächern. Pauschalisierungen lassen sich aber ebenfalls nicht machen.

Grundsätzlich ist es so, dass alles, was logisch nachvollziehbar und erklärbar ist, dem Weltverständnis und den Denkstrukturen von Menschen im Autismus-Spektrum entgegenkommt. Das bedeutet aber nicht, dass jeder autistische Mensch jedes Thema in Biologie, Chemie und Physik auch gut beherrscht und gerne macht. Auch in der Mathematik fallen einige Disziplinen leichter als andere. In der Geometrie kann neben dem Zeichnen auch eine Schwierigkeit darin liegen, die abstrakten Formeln mit den entsprechenden geometrischen Darstellungen in Beziehung zu setzen. Ferner fallen vielen Schülern im Autismus-Spektrum Textaufgaben schwer. Hier ist eine Transferleistung gefordert, nämlich vom Text in die Rechenformel. Obwohl das Kind locker 4 + 4 = 8 ausrechnen kann, scheitert es vielleicht, wenn die Aufgabe lautet: »Otto hat vier Äpfel und vier Bananen gekauft. Wie viele Früchte hat er?« Ein autistisches Kind könnte hier spontan fragen: »Woher soll ich wissen, wie viele Früchte Otto hat? Vielleicht hat er noch Birnen, Pflaumen, Kirschen oder …« Die meisten anderen Schüler würden wahrscheinlich gar nicht über solche Fragen nachdenken, sondern sofort 4 und 4 zusammenzählen. Damit keine ständigen Diskussionen mit dem autistischen Schüler entstehen, ist es hilfreich, nur eindeutig formulierte Textaufgaben aufzugeben. Bei Klassenarbeiten muss beachtet werden, dass solche Aufgaben eine Hürde und ein Grund für schlechtere Ergebnisse sein können.

5.2 Deutschunterricht

> Tobias ist schlecht in Rechtschreibung. Manchmal schreibt er ganze Sätze ohne einen Abstand zwischen den Wörtern zu lassen. Das gehe schneller, als den Stift immer abzusetzen, meint er. Es interessiert Tobias nicht, dass die deutsche Rechtschreibung dieses unkonventionelle Vorgehen nicht vorsieht. Es ist ihm auch egal, wenn hinterher niemand seinen Text lesen kann.

Das Unterrichtsfach Deutsch beinhaltet unter anderem Rechtschreibung, Grammatik sowie das Schreiben und Interpretieren von Texten. Je nach Begabung und Interessenlage können Kinder im Autismus-Spektrum diese Einzeldisziplinen unterschiedlich gut beherrschen. Grammatik fällt meistens – solange sie logisch ist – eher leicht, Rechtschreibung ist bei vielen autistischen Menschen dagegen ein Problem. Auch die Arbeit mit Texten kann schwierig für sie sein.

Viele Schüler haben Verständnisprobleme und neigen dazu, Texte völlig anders als üblich auszulegen und zu bewerten. Mit Fragen wie: »Was will der Autor uns damit sagen?«, können sie wenig anfangen. Woher soll man schon wissen, was im Kopf des Autors vorgegangen ist, als er den Text geschrieben hat?

Besser ist es, wenn Lehrer die Aufgabenstellung direkter formulieren. Bei der Frage nach der Intention des Autors könnten sie die Schüler fragen, welche Botschaft sie für sich dem Text entnehmen können. Eine so gestellte Aufgabe können Schüler im Autismus-Spektrum besser verstehen.

Textzusammenfassungen und insbesondere Inhaltsangaben fallen vielen Schülern im Autismus-Spektrum schwer. Sie tendieren dazu, viel zu viele Details aufzuführen, da sie einfach alles im Text wichtig finden – »sonst stände es ja nicht da, wenn es nicht wichtig wäre« – und nicht wissen, was sie davon weglassen können. Lehrer können helfen, indem sie Inhaltsangaben klar definieren und genau erklären, wie diese funktionieren und welchen Zweck sie haben. Außerdem kann es unterstützen, dem Kind zum Üben Texte zu geben, bei denen die relevanten Stellen unterstrichen sind. Die Aufgabenstellung dazu: »Schau dir die unterstrichenen Sätze besonders gut an. Sie geben das Wichtigste im Text wieder. Wenn du das in anderen Wörtern ausdrückst, hast du eine Inhaltsangabe.« Hilfreich ist auch eine möglichst genaue Vorgabe, wie lang die Inhaltsangabe sein soll.

> **Wie kurz ist kurz?**
>
> Die pauschale Aussage »Eine Inhaltsangabe ist kürzer als der eigentliche Text« ist für ein autistisches Kind keine befriedigende Antwort. Schon ein Text, der nur ein Wort kürzer ist als das Original, erfüllt diese Vorgabe.

5.3 Fremdsprachen

Tobias hat keine Probleme, sich Vokabeln zu merken. Was ihm allerdings schwer fällt, ist die Aussprache der englischen Wörter. Der Lehrer ist nie zufrieden, wie er die Laute der Fremdsprache artikuliert. Oft lachen die Klassenkameraden, wenn er etwas falsch ausspricht. Tobias mag mittlerweile gar nicht mehr englisch sprechen und hat aufgehört, regelmäßig die Vokabeln zu lernen. »Englisch ist doof«, sagt er.

Bei Fremdsprachen kann autistischen Schülern die Aussprache, auf die Lehrer meistens sehr viel Wert legen, große Schwierigkeiten bereiten. Als sehr demotivierend wirkt sich aus, wenn das Kind immer wieder vor der ganzen Klasse vom Lehrer verbessert und kritisiert wird. Stattdessen sollten Lehrer vor den anderen Schülern besser über die Aussprachemängel hinwegsehen und mit dem Schüler alleine besprechen, wie er seine Aussprache verbessern kann. Je nach dem kann dabei ein Training mit Audio-CDs helfen. Das kommt auf die auditiven Fähigkeiten des Kindes an. Manchen Kindern fällt es aber auch sehr schwer, »native speakers« überhaupt zu verstehen. Gerade, wenn diese sehr schnell sprechen, hören sie nur Kauderwelsch.

Von größerem Interesse ist für viele Menschen im Autismus-Spektrum die theoretische Auseinandersetzung mit fremdsprachlichen Texten. So gibt es einige autistische Menschen, die erfolgreich als Übersetzer von Texten und Büchern arbeiten. Von Vorteil dabei ist, dass sie die Sprache so gut wie nie sprechen müssen.

Ein grundsätzliches Interesse an Fremdsprachen ist häufig vorhanden. Die Art und Weise, wie Lehrer den Fremdsprachenunterricht gestalten, entscheidet dann darüber, ob das Kind dauerhaft Gefallen an der Sprache findet. Kinder, die überwiegend auf visuellem Weg lernen, kommen zum Beispiel gar nicht mit Unterrichtsmethoden zurecht, bei denen es hauptsächlich darum geht, übers Hören zu lernen. Einige Unterrichtskonzepte bevorzugen solche Methoden. Sie sind aber nicht für jeden Schüler geeignet. Wenn ein Kind mehr visuell ausgerichtet ist, dann lernt es viel besser übers Lesen, übers Angucken von Vokabeln und übers Schreiben. Für eine ideale Förderung des Kindes sollten Lehrer berücksichtigen, wie das Kind am besten lernen kann.

5.4 Geschichte

Tobias hatte sich auf seinen ersten Geschichtsunterricht gefreut. Er dachte, dass er dann viele Daten bekommen würde, die er auswendig lernen dürfte. Stattdessen sprach der Lehrer mit seiner Klasse darüber, wie die Leute in der Steinzeit gelebt hatten. Das fand Tobias langweilig und er hörte bald gar nicht mehr zu.

Geschichte – solange es um Daten und Fakten geht, kommt Kindern im Autismus-Spektrum dieses Fach oft entgegen. Schüler, die ein besonderes Interesse für eine bestimmte Epoche haben, zum Beispiel kleine Steinzeit- oder Ägypten-Fans sind, können bei entsprechenden Unterrichtsthemen aufblühen. Das Lesen alter Quellen, die Interpretation von Bildern oder das Beurteilen geschichtlicher Ereignisse kann dagegen größere Schwierigkeiten bereiten und auf Unlust und Desinteresse stoßen. Quellentexte verstehen die Kinder möglicherweise inhaltlich nicht. Bilder können für sie eine andere Aussage haben als erwartet, da sie vielleicht weniger auf die abgebildeten Menschen als auf nebensächliche Details achten wie etwa die Tatsache, dass die Krone des Königs auf dem Gemälde exakt fünf Zacken hat. Geschichtliche Ereignisse zu diskutieren können Kinder im Autismus-Spektrum für überflüssig halten, da ihrer Logik nach eh niemand mehr wirklich weiß, warum die Menschen damals so und nicht anders gehandelt haben.

Wichtig ist, dass der Lehrer konkret und genau seine Fragen formuliert. Es kann dennoch passieren, dass er sich auf Grundsatzdiskussionen mit einem Kind über die historische Forschung einlassen muss. Aber wer weiß, vielleicht können solche Gespräche für die ganze Klasse bereichernd sein, da sie einmal einen ganz neuen Blickwinkel auf die Vergangenheit eröffnen?

> **Auf die richtige Fragestellung achten**
>
> Eher schlecht: »Warum hat König Ludwig so gehandelt?« Besser: »Gibt es logische Gründe dafür, dass König Ludwig so gehandelt hat?«
> Eher schlecht: »Was will uns das Bild sagen?« Besser: »Was seht ihr auf dem Bild? Was könnte das bedeuten?«

5.5 Gesellschaftswissenschaften/Soziologie

»Gemeinschaftskunde«, wenn Tobias das schon hört, regt sich in ihm Abneigung. Er ist nicht gerne mit anderen Menschen zusammen, warum muss er sich dann mit dem Zusammenleben von Menschen beschäftigen?

Politik sei dazu da, um das Zusammenleben von Menschen zu regeln, sagt der Lehrer. Für Tobias ist das ein scheinheiliges Getue. »Warum stellen die Menschen Regeln auf und halten sich dann doch nicht daran?«

Kinder im Autismus-Spektrum sind vom Wesen her eher Einzelgänger. Manche haben sogar die Einstellung, dass sie keine anderen Menschen zum Leben brauchen würden und dass sie oft auch nicht mehr als nötig mit ihnen zu tun haben wollen. Begriffe wie »Gesellschaft«, »Gemeinschaft« oder »Zusammenleben« sind ihnen zu abstrakt und inhaltsleer. Es kann auch vorkommen, dass sie eine Abneigung dagegen empfinden.

Das wirkt sich zwangsläufig auf den Unterricht in den entsprechenden Fächern aus. Kinder mit einem Widerwillen gegen das Fach können das darin äußern, dass sie den Unterricht häufig stören, nicht aufpassen oder sich nicht beteiligen.

Alternative Unterrichtskonzepte und neue Herangehensweisen an Themen können helfen, das Interesse der Kinder auch in »sozialen« Fächern wie Politik zu wecken. Möglich ist zum Beispiel, dass die Kinder sich eigene Regeln ausdenken sollen, nach denen ein Zusammenleben funktionieren kann. Unter Umständen kommt ein Kind im Autismus-Spektrum dabei auf ganz andere Ergebnisse als seine Klassenkameraden. Darüber zu sprechen und die unterschiedlichen Vorstellungen und Gedankenwelten einander gegenüberzustellen, kann für alle, auch den Lehrer, lehrreich sein.

5.6 Religion

Einmal sprachen sie in der Klasse in Religion über die biblische Schöpfungsgeschichte. Tobias hörte sich das eine Weile an, dann fragte er, wann Gott denn die Dinosaurier erschaffen hätte. Da diese schon ausgestorben seien, als der Mensch die Welt betreten habe, müsse das also vor der Schöpfung gewesen sein. Der Lehrer war perplex und wurde schließlich ungehalten, als Tobias immer detaillierter wissen wollte, wie das denn nun wirklich mit Gott und den Sauriern gewesen war.

Religion ist auch ohne autistische Schüler ein Fach, das zu tiefgreifenden Diskussionen anregt. Einige Menschen im Autismus-Spektrum haben einen starken Glauben, kommen aber nicht mit der Religionsauslegung der Kirchen zurecht.

Auch die Gottesvorstellung der großen Weltreligionen braucht sich nicht unbedingt mit der ihren zu decken. Gerade, wenn es um ein religiöses Bekenntnis geht, sind vor allem ältere Kinder im Autismus-Spektrum darin oft sehr eigen und wenig tolerant gegenüber anderen Glaubensauffassungen. Umgekehrt können sie aggressiv werden, wenn jemand ihren Glauben infrage stellt, und dulden keinen Widerspruch.

5 Fachspezifische Probleme

Hier hilft wahrscheinlich nur Toleranz vonseiten der Lehrer. Kleinere Kinder, die noch an einen Gott mit Rauschebart glauben wollen, sollte man ebenso gewähren lassen, wie ältere Kinder, die eine genau ausgedachte, abstrakte Gottesvorstellung verfolgen. Und: Zum Beten oder dazu, ein Gottes- oder Glaubensbekenntnis abzugeben, sollte kein Kind gezwungen werden.

5.7 Musik

> Tobias liebt Musik. Er spielt bereits seit seinem vierten Lebensjahr Klavier. Sein Musiklehrer sagt, er habe das absolute Gehör. Die Musik ist Tobias' Welt. Wenn er als kleiner Junge zu seiner Lieblingsmusik frei und unbeschwert durchs Zimmer tanzte, merkte man ihm seine sonstige motorische Unbeholfenheit gar nicht an. Musik dient auch dazu, den Jungen zu beruhigen. An schlechten Tagen nimmt er seinen MP3-Player mit in die Schule und setzt sich die Kopfhörer auf, wenn er merkt, dass alles zu viel wird.

5.7 Musik

Viele autistische Kinder fühlen sich zur Musik hingezogen, einige besitzen eine besondere musikalische Begabung. Um die Kinder besser zu erreichen, wurden Therapiekonzepte entwickelt, die auf Musik basieren. Auch Erziehungsmethoden, die Musik mit einbeziehen, können sich bei einigen Kindern als hilfreich und effektiv erweisen. Sogar das Sprechenlernen kann mit Gesang leichter gelingen. So hat sich gezeigt, dass Kinder, die nicht sprechen können, manchmal singen können. Sprechen und Singen finden wahrscheinlich in unterschiedlichen Gehirnarealen statt.

Unter Menschen im Autismus-Spektrum gibt es einige, die ein absolutes Gehör besitzen, bei sehr wenigen sind die musikalischen Begabungen sogar so ausgeprägt, dass sie als musikalische Savants gelten können. Savants sind Menschen mit beachtlichen und erstaunlichen Fähigkeiten in einem ganz bestimmten, eng umgrenzten Bereich, aber auch mit eklatanten Behinderungen in vielen anderen Bereichen. Während also ein musikalischer Savant jedem seiner Mitmenschen im Bereich Musik absolut überlegen ist, kann es sein, dass er im Alltag schon am Zähneputzen scheitert. Daher stammt auch der ursprüngliche Begriff, nämlich das französische »idiotic savants«.

Für viele Kinder im Autismus-Spektrum kann ein Hobby, das mit Musik zu tun hat, wie das Erlernen eines Instruments, Singen oder Tanzen, sehr förderlich sein, manche wachsen dabei sogar über sich hinaus und können zum Beispiel beim Tanzen körperliche Nähe besser aushalten.

Auch das Sozialverhalten kann sich durch Musik bessern und die Kinder werden insgesamt zugänglicher. Rührend ist, wie beispielsweise kleine Kinder völlig losgelöst zur Musik tanzen und fröhlich umherhüpfen können, während sonst im Alltag fast nie eine emotionale Regung von ihnen ausgeht. Die Beschäftigung mit Musik kann begabten Kindern zudem Erfolgserlebnisse verschaffen, etwas, das sonst im Alltag autistischer Kinder eher selten vorkommt.

Das besondere Interesse vieler autistischer Menschen für Musik gibt der Wissenschaft noch Rätsel auf. Man vermutet, dass es mit ihrer oftmals sensiblen Hörwahrnehmung zusammenhängen könnte.

In der Schule können Kinder mit einer ausgeprägten Musikbegabung besonders gefördert werden. Vielleicht hat der Schüler im Autismus-Spektrum Interesse, der Schulband beizutreten oder bei Schulfesten sogar eine Solovorführung zu geben? Solche Erlebnisse können dem Kind gut tun, da es zur Abwechslung mal in positiver Weise im Blickpunkt steht und es um etwas geht, das es besser kann als die meisten anderen. Endlich erscheint das Kind mal nicht (nur) als Mensch mit Einschränkungen.

5 Fachspezifische Probleme

5.8 Sportunterricht

Tobias hat regelmäßig Dienstagabends Bauchschmerzen. Der Grund: Er hat am Mittwoch Sportunterricht in der Schule. Diesen empfindet er als so schrecklich, dass er schon den Tag zuvor völlig fertig ist.

Sein Leid fängt am Mittwoch bereits in der Umkleidekabine an: »Dort stinkt es so schlimm, dass ich die Luft anhalten muss.« Auch mag Tobias es nicht, sich dort auszuziehen. Er hat oft Schwierigkeiten, aus seiner Kleidung herauszukommen, und dann lachen die anderen Jungen.

Es ist nicht so, dass Kinder im Autismus-Spektrum per se unsportlich sind. Im Gegenteil, viele lieben ihren ganz speziellen Sport und gehen ihm genauso gerne nach wie andere Kinder auch. Manche autistischen Kinder sind zum Beispiel nur dann zufrieden, wenn sie jeden Tag eine bestimmte Route mit dem Fahrrad fahren können. Auch Sportarten wie Trampolinspringen, Schwimmen oder Laufen können sehr beliebt sein. Eher weniger geeignet sind Sportarten, bei denen man bestimmte motorische Geschicklichkeiten benötigt wie Ballsportarten oder Teamsportarten.

Gerade Mannschaftsspiele werden in der Schule aber bevorzugt durchgeführt. Für Kinder im Autismus-Spektrum fängt die Peinlichkeit meist schon damit an, dass sie als letzte in eine Mannschaft gewählt werden. Dann ziehen sie leicht den Unwillen aller anderen Teammitglieder auf sich, weil sie nicht schnell genug laufen, weit genug werfen oder gut genug schießen können. Manche Schüler nehmen ein gewonnenes oder verlorenes Spiel so ernst, dass sie den Schüler im Autismus-Spektrum – den Schuldigen an der Niederlage in ihren Augen – noch stundenlang danach gängeln, verspotten oder beschimpfen.

Es stellt sich die Frage, ob es nicht besser wäre, Schüler im Autismus-Spektrum von vorneherein von solchen Sportarten zu befreien. Ein Argument dagegen ist, dass sich auch dieses Kind bewegen und wie andere Kinder etwas Neues lernen sollte. Wenn aber diese Disziplinen für das Kind mit einem derartigen Leidensdruck behaftet sind, sollte nach einer Lösung gesucht werden. Möglich ist zum Beispiel, dass sich das Kind theoretisch mit der Sportart befasst oder Schiedsrichter bei seinen Mitschülern spielt. Wenn eine Schulbegleitung vorhanden ist, könnte diese auch alternativ mit dem Kind spazieren gehen oder ein leichtes Trainingsprogramm absolvieren.

5.9 Befreiung von »ungeeigneten« Unterrichtsfächern?

> Tobias hasst Sport, Musik und Religion. Seine Eltern möchten, dass er von diesen Fächern befreit und stattdessen mehr in Mathematik gefördert wird. In anderen Fächern gibt es hauptsächlich Probleme: Tobias ist nicht bereit, dem Unterricht zu folgen, stört die Mitschüler und achtet den Lehrer nicht. Im Sportunterricht steht Tobias resigniert abseits. Er fürchtet die anderen Schüler und die Bälle, die sie nach ihm werfen, wenn der Lehrer nicht guckt.

Schüler mit Behinderungen, chronischen Erkrankungen oder Neurodiversität haben das Recht, auf Regelschulen unterrichtet zu werden und können auch Maßnahmen des Nachteilsausgleichs in Anspruch nehmen. Allerdings ist damit die Verpflichtung verbunden, den Anforderungen aller Fächer zu gerecht zu werden. Eine Befreiung von der Mehrzahl der Schulfächer ist nicht vorgesehen. An Fächern wie Deutsch, Mathematik, Fremdsprachen, Naturwissenschaften und jenen aus dem Bereich Sozialkunde müssen alle Schüler teilnehmen. Nur in Sport, Kunst oder Musik können möglicherweise flexible Lösungen möglich sein und einige Schüler zumindest teilweise befreit und bei der Notengebung nicht berücksichtigt werden. Die gewährten Befreiungen müssen den Einschränkungen entsprechen, die die

5 Fachspezifische Probleme

Besonderheiten des Kindes mit sich bringt. Hörgeschädigte Kinder können wegen ihrer Behinderung beispielsweise den Leistungsanforderungen in Musik nicht genügen, Sehgeschädigte nicht in Kunst. Für Körperbehinderte ist eine Befreiung von (bestimmten) sportlichen Übungen möglich.

6 Menschen im Autismus-Spektrum in der Klasse: Eine Herausforderung für alle

6.1 Peinliches Verhalten im Unterricht

> Tobias klinkt sich manchmal völlig aus dem Geschehen aus. Er schließt halb die Augen, schaukelt hin und her und führt die Arme vor der Brust zusammen. Dabei gibt er grunzende Laute von sich. Das Geschehen um sich herum nimmt er nicht mehr wahr. Die anderen Schüler lachen und machen sich über ihn lustig. Tobias sind diese Anfälle oft gar nicht bewusst. Genauso wenig wie er bewusst mitbekommt, dass er bei Anspannung in einem fort ein bestimmtes obszönes Wort vor sich hin murmelt. Die Eltern einiger Mitschülerinnen haben sich deswegen schon beim Lehrer beschwert.

Es ist nicht nur das mangelnde Gefühl für Anstandsregeln, das Menschen im Autismus-Spektrum manchmal in Gesellschaft peinlich erscheinen lassen kann. Einige Betroffene nehmen das eigene, von anderen als anstößig empfundene Verhalten noch nicht einmal wahr. Das kann der Fall sein, wenn sie im Unterricht seltsame, gleichförmige oder rhythmische Bewegungen ausführen, sich bewusst oder unbewusst an die Genitalien fassen oder bestimmte Geräusche von sich geben. Viele dieser Gesten oder Geräusche lassen sich – wenn auch überhaupt nicht so gemeint – sexuell deuten. Auch Verhaltensweisen, die das autistische Kind ohne Hintergedanken ausführt, können dazu Anlass geben. Ein Beispiel möge der Fall einer Jugendlichen sein, die beim Trinken aus der Flasche abwesend daran saugt und nuckelt und sie fest mit den Lippen umschlossen hält, dabei oft noch die Augen schließt. Die pubertierenden Mitschüler machen Witze über sie und vergleichen ihr Trinkverhalten mit Praktiken aus dem sexuellen Bereich. Aber nicht nur solche Fälle, auch schon scheinbar harmlose Formulierungen können bei heranwachsenden Mitschülern für Hintergedanken sorgen. Begriffe wie »Ständer«, »fummeln« oder »Latte« können für Menschen im Autismus-Spektrum auf irritierende Weise zweideutig sein.

Autistische Schüler sind diesen Situationen hilf- und schutzlos ausgeliefert. Gerade hier kann eine Schulbegleitung ein wertvoller Vermittler sein und Missverständnisse ausräumen bzw. gar nicht erst aufkommen lassen.

Auch als Lehrer können Sie helfend eingreifen:

- Sprechen Sie die Eltern bzw. die Schulbegleitung darauf an, wenn Ihnen bei dem Kind wiederholt Handlungen, Geräusche oder Kommentare auffallen, die von anderen als anstößig empfunden werden.
- Dulden Sie nicht, dass das Kind im Unterricht ausgelacht wird, wenn es sich ungeschickt ausdrückt. Redet es von einem Hut- oder Kerzenständer und Mitschüler prusten bei dem Wort »Ständer« los, dann fragen Sie die Lacher direkt, was denn am Wort »Ständer« so lustig sei. Die wenigsten werden den Mut haben, das jetzt vor der ganzen Klasse zu erklären.
- Je nach Begriff und Situation können Sie auch das autistische Kind beiseite nehmen und ihm erklären, dass manche Begriffe zwei Bedeutungen haben, von denen eine etwas ganz anderes als das Bild beschreiben kann, das man normalerweise damit verbindet.
- Nehmen Sie dem Kind die Angst, dass es missverstanden wird, und erzählen Sie ihm eine kleine Anekdote von einer Situation, in der Sie selbst komplett missverstanden worden sind.

6.2 Kein Respekt vor den Lehrkräften

Eine von Tobias' Lehrerinnen ist klein und rundlich. Für Tobias ist sie die »Kugel«. Ständig lacht er im Unterricht, weil es ihn amüsiert, wenn der üppige Busen der Frau beim Reden und Gehen wackelt. Wenn er ihr auf dem Gang begegnet, ruft er »Kugel« in ihre Richtung. Es ist für Tobias zur Obsession geworden. Selbst wenn er beim Mittwochsgottesdienst an ihrem Platz vorbeigeht, sagt er laut »Kugel« in ihre Richtung. Die Lehrerin leidet darunter. Genauso wie ihr Kollege, der Geheimratsecken hat und der für Tobias nur der »Eierkopf« ist.

Die meisten Schüler schlagen schon mal über die Stränge – auch und gerade dem Lehrer gegenüber. Bei Kindern im Autismus-Spektrum kann das besonders problematisch sein, zumal dann, wenn man ihnen nicht erklären kann, warum ihr Verhalten andere verletzt und ihnen weh tut. Auch erscheinen ihre Reaktionen häufig völlig übersteigert. Mögen sie jemanden nicht, drohen sie mitunter bitterernst, denjenigen umzubringen. Neben Mitschülern kann auch der Lehrer Projektionsfläche dieser Angriffe sein. Sich Respekt zu verschaffen, kann für Lehrer gerade bei sehr intelligenten autistischen Schülern eine Herausforderung sein, da diese (auf ihrem Spezialgebiet) dem Lehrer überlegen sein können. Diese Kinder, die im normalen Leben eher wenig Erfolgserlebnisse haben, können darin aufgehen, mit ihrem Wissen vor der Klasse und vor dem Lehrer zu imponieren, und den Lehrer dadurch mitunter auch bloßstellen.

Mangelnder Respekt vor dem Lehrpersonal kann sich darin zeigen, dass das Kind auf Anweisungen nicht hört, Äußerungen des Lehrers ins Lächerliche zieht oder bei jedem Versprecher des Lehrers laut lacht. Für einen Lehrer, der sich dadurch schlimmstenfalls zur Witzfigur gemacht fühlen muss, ist es schwer, mit einem solchen Schüler noch unbefangen umzugehen. Es ist nicht leicht, einen Schüler zu unterrichten, der einen nicht ernst nimmt, einem intellektuell auch noch überlegen, aber dennoch aufgrund seiner Behinderung schutzbedürftig ist. Lehrer können hier an eine Grenze stoßen, wenn sie weiterhin souverän auftreten und das Kind ohne Vorbehalte behandeln sollen. Ratsam ist, in solchen Fällen mit den Eltern des Kindes und/oder seiner Schulbegleitung zu sprechen.

Allgemein sollten Lehrer versuchen, so schwer es auch manchmal fallen kann, sich die Äußerungen des Kindes nicht zu Herzen zu nehmen. Autistische Kinder können eine gefühlte Boshaftigkeit an den Tag legen, die von ihnen selbst aber nicht so gemeint ist. Es ist immer im Hinterkopf zu behalten, dass sich Menschen im Autismus-Spektrum nur begrenzt in andere hineinversetzen können und daher oft gar nicht wissen, dass sie ihr Gegenüber verletzen.

6.3 Startschwierigkeiten

> Tobias hat das Problem, dass er oft eine schier unüberwindbare innere Hemmung verspürt, wenn er etwas anfangen soll. Manchmal kann er noch nicht einmal aufstehen, weil der innere Antrieb versagt. So geht es ihm auch in der Schule, wenn die Schüler frei arbeiten sollen. Tobias sitzt dann vor einem leeren Blatt Papier, tausend Ideen schwirren ihm gleichzeitig durch den Kopf, er schaut zu seinen Mitschülern, wartet, zögert, verwirft Gedanken und muss schließlich ein leeres Blatt abgeben.

Vielen Menschen im Autismus-Spektrum fällt es sehr schwer, mit einer Aufgabe anzufangen. Ihnen begegnen diese Starthemmungen meistens dann, wenn ihnen niemand ein eindeutiges Startsignal oder eine Aufforderung gibt, jetzt etwas zu tun. Für die Betroffenen ist das sehr frustrierend. Es gibt extreme Fälle von Hemmungen, bei denen Menschen im Autismus-Spektrum noch nicht einmal vom Sofa aufstehen und zur Haustür gehen können, so sehr eine Seite in ihnen es auch will. Einigen Schülern passiert es im Unterricht, dass sie eigentlich anfangen wollen zu schreiben oder eine Aufgabe zu lösen, aber einfach nicht beginnen können. Manchmal hilft es, sie anzufassen, um sie aus ihrem Festgefrorensein zu befreien. Bei Betroffenen, die nur gestützt kommunizieren können, ist das ähnlich. Sie brauchen den Berührungsimpuls von einem Integrationshelfer, um mit ihrem Computer schreiben zu können.

Schüler mit Starthemmungen, die manche Aufgaben gar nicht erst anfangen geschweige denn zu Ende führen können, benötigen vom Lehrer besondere Unterstützung.

So können sie als Lehrer betroffenen Schülern helfen:

- Erklären Sie möglichst genau, wie eine Aufgabe erledigt werden soll oder eine bestimmte Übung auszuführen ist. Geben Sie bei komplizierten Aufgaben auch schriftlich Hinweise und Anleitungen. Je klarer die einzelnen Schritte sind, desto besser.
- Strukturieren Sie Aufgaben in Teilaufgaben, die leicht zu überschauen und zu bewältigen sind. Bei einer Inhaltsangabe können Sie die Kinder zunächst anleiten, eine Stichwortsammlung anzufertigen. Ist diese Etappe geschafft, loben Sie das Kind. Als nächstes kann folgen, die Stichworte in eine sinnvolle Reihenfolge zu bringen und schließlich daraus einen Text, die eigentliche Inhaltsangabe, anzufertigen.
- Helfen Sie dem Kind, seine Starthemmungen zu überwinden. Hier kann ein individuelles Startsignal helfen. Bei manchen Kindern ist dazu eine Berührung notwendig. Andere reagieren auf klare Befehle wie ein lautes »Rechne das jetzt aus!«, »Lies jetzt den Text!« oder »Löse jetzt Aufgabe 1!«.

6.4 Die Konzentration geht auf Wanderschaft

Tobias beteuert, er bemühe sich wirklich, sich in der Schule zu konzentrieren. Den ersten Sätzen des Lehrers kann er auch meist problemlos folgen. Doch dann wandern Tobias' Gedanken rasch ab und er versinkt in seine eigene Welt. Ähnlich ist es bei einer Klassenarbeit. Nach der ersten Viertelstunde drehen sich die Gedanken in Tobias' Kopf. Manchmal verschwimmen jetzt auch die Buchstaben und Zahlen vor seinen Augen.

Für viele Kinder im Autismus-Spektrum ist es ein großes Problem, sich längere Zeit am Stück zu konzentrieren. Bei Erklärungen des Lehrers passiert es häufig, dass sie zwischendurch abschalten und den Faden verlieren. Sollen sie anschließend das Erklärte anwenden und eine Aufgabe dazu losen, scheitern sie.

Wichtig ist es, den Kindern zu helfen, sich länger am Stück konzentrieren zu können. Für jedes Kind muss hier individuell überlegt und ausprobiert werden, wie dieses Ziel erreicht werden kann. Hilft es dem Kind vielleicht, wenn es nebenbei auf einem Blatt malen darf? Oder hilft es, wenn das Kind zur Konzentrationssteigerung Murmeln in der Hand bewegt oder eine Knetfigur bearbeitet? Manche Kinder können tatsächlich besser zuhören, wenn ihre Hände beschäftigt sind.

Um die Aufmerksamkeit zu erhöhen, kann das Kind bestimmte Grundfertigkeiten trainieren. Dazu gehört, dass es übt, genau hinzusehen und zuzuhören. Dazu kann das Kind Bilderkarten anschauen und danach berichten, was es gesehen hat. Oder aber man erzählt ihm eine Geschichte, die das Kind anschließend nacherzählen soll.

Weiterhin können folgende Methoden für mehr Konzentration im Klassenzimmer sorgen:

Die Ampel-Karten
Im Unterricht können Lehrer dem Schüler mit dem Kartenprinzip eine Rückmeldung geben. Wenn Sie merken, dass der betroffene Schüler weniger konzentriert ist bzw. die Konzentration schon völlig verloren hat, geben Sie ihm eine grüne, gelbe oder rote Karte. Die Kartenfarben bedeuten:
Grün – Achtung, weiter aufpassen!
Gelb – Bist du noch dabei?
Rot – Auszeit und von vorne anfangen

Die Glocke
Bei längeren Erklärungen bzw. Vorträgen empfiehlt sich die Glockenmethode. In Sprechpausen kurz bimmeln. Das Kind weiß sodann zum einen: Es geht noch weiter. Zum anderen ist das Bimmeln für das Kind das Zeichen, sich selbst zu überprüfen:

- Höre ich noch zu?
- Habe ich den letzten Satz verstanden und kann ich ihn wiederholen?
- Brauche ich eine Auszeit?

Vibrationsalarm
Diese Methode funktioniert mit einem Handy, dessen Weckfunktion sich auf Vibrationsalarm stellen lässt. Während einer Still- oder Klassenarbeit kann ein Kind mit Aufmerksamkeitsstörungen den Wecker so einstellen, dass er alle 10 Minuten einen Vibrationsalarm von sich gibt. Bei Alarm soll das Kind

- prüfen, ob es sich noch auf die Aufgabe konzentriert,
- den Aufgabetext noch mal genau lesen,
- prüfen, ob seine Antwort der Aufgabenstellung entspricht,
- bei Konzentrationsproblemen die Augen schließen und bis 100 zählen, um sich wieder zu sammeln.

Individuelle Konzentrationshilfen
Manchen Kindern kann es helfen, sich zu konzentrieren, wenn sie über Kopfhörer eine bestimmte Musik oder Melodie hören dürfen.

6.5 Reaktionen auf Ablenkungen trainieren

> Sobald irgendwo im Klassenzimmer ein unerwartetes Geräusch auftritt, ist Tobias mit seiner Aufmerksamkeit sofort bei diesem Geräusch. Er dreht sich wie wild auf seinem Stuhl in alle Richtungen, um nach der Quelle des Geräusches zu suchen. Oder er ruft laut: »Was war das?«

Ähnlich ist es, wenn sich draußen vor dem Fenster etwas regt. Setzt sich auch nur ein Vögelchen auf den Ast des Baumes vor dem Klassenzimmer, ist Tobias vom Unterricht abgelenkt und hat nur noch Augen für die Vorgänge vor dem Fenster.

Ablenkende und irritierende Momente aus dem Umfeld lassen sich nie ganz vermeiden. Ein autistisches Kind muss besonders lernen, damit umzugehen. Dies kann man in gewissem Maß mit ihm trainieren.

Mit diesen Übungen können Sie als Lehrer Ihrem Schüler helfen:

- Wenn es bei der nächsten Stillarbeit Gemurmel, Rascheln oder ähnliches im Klassenzimmer gibt, soll sich das Kind nicht umdrehen. Schafft es dies, bekommt es ein Sternchen.
- Gehen Sie bei der nächsten Stillarbeit durch die Klasse und legen Sie auf jedes Pult einen kleinen Gegenstand, zum Beispiel eine Nuss, eine Blume oder einen Stift. Das autistische Kind soll sich davon nicht ablenken lassen und ohne aufzuschauen seine Aufgabe weiter ausführen. Belohnen sie es mit einem Sternchen, wenn es klappt.
- Öffnen und schließen Sie mehrmals das Fenster. Ein Sternchen gibt es, wenn das Kind davon unbeindruckt eine Aufgabe weiterbearbeitet.

Bei fünf oder zehn gesammelten Sternchen hat sich das Kind eine besondere Anerkennung verdient. Eine mögliche Belohnung kann sein, dass es an einem Tag in einem Fach keine Hausaufgaben zu machen braucht. Einem Kind, das unheimliche gerne über sein Spezialthema redet, kann man auch anbieten, dass es einen kleinen Vortrag vor der Klasse dazu halten darf.

6.6 Entspannung zum Ausgleich: Autogenes Training und Co.

Tobias nimmt an einem Kurs für Autogenes Training an der Volkshochschule teil. Erst ging er nur widerstrebend hin. Doch dann merkte er, dass ihm die Übungen helfen. Er ist ruhiger geworden und kann sich besser konzentrieren. Zudem steht ihm nun eine Methode zur Verfügung, seine Gefühle zu kontrollieren und sich zu entspannen, wenn er sich aufregt. Tobias findet es schade, dass er so etwas nicht an der Schule lernt.

Wenn Schüler im Autismus-Spektrum ruhiger und ausgeglichener werden sollen, können Entspannungsmethoden wie Autogenes Training, Yoga oder Progressive Muskelentspannung nach Jacobsen helfen. Auch wenn solche Trainings normalerweise höchstens mal als Projekt im Unterricht vorkommen, profitieren sicherlich viele Schüler davon, wenn dafür regelmäßig einige Sportstunden oder Stunden in einem Fach wie Religion aufgewendet werden. Je nach dem kann der Lehrer auch die Eltern darauf ansprechen, ob sie solche Methoden einmal mit ihrem Nachwuchs ausprobieren wollen.

Gängige und leicht zu erlernende Entspannungstechniken sind folgende:

Autogenes Training

Der Psychiater Johannes H. Schultz hat das Autogene Training in den zwanziger Jahren des letzten Jahrhunderts entwickelt. Autogenes Training dient der Entspannung und Konzentrationsförderung. Außerdem hilft es, Stress zu bewältigen und Angstzustände oder Selbstzweifel zu lindern. Die Methode funktioniert über Selbstbeeinflussung (Autosuggestion).

Wer die Technik erlernt, muss zunächst trainieren, sich auf seinen eigenen Körper zu konzentrieren. Dabei liegt man entspannt auf dem Rücken und beginnt mit der »Schwereübung«. Man konzentriert sich auf ein bestimmtes Körperteil und sagt dazu in Gedanken Formeln wie »Mein Bein wird schwer«. In einer nächsten Stufe, der »Wärmeübung«, wird die Formel »Mein Bein wird warm« angewendet. Ziel ist es, die jeweiligen Empfindungen über den ganzen Körper auszudehnen, sodass sich der ganze Körper schwer oder warm anfühlt. Weitere Bestandteile des Autogenen Trainings sind Atemübungen, Bauch-, Herz- und Stirnübungen.

Die einzelnen Übungen dauern etwa eine Stunde und können quasi überall durchgeführt werden. Wer trainiert ist, kann sich dadurch schnell in einen Zustand der Entspannung versetzen. Autogenes Training ist auch eine gute Einschlafhilfe.

Progressive Muskelentspannung

Diese Entspannungstechnik geht auf den amerikanischen Physiologen Edmund Jacobson zurück. Er entwickelte die Methode vor etwa hundert Jahren, nachdem er den entspannenden Effekt bestimmter Übungen bei sich selbst erlebt hatte.

Die Übungen, die Jacobsen entwickelte, bestehen aus gezielter An- und Entspannung der Muskeln. Der Übende liegt dabei auf dem Boden und spannt, zum Beispiel mit der Hand beginnend, nacheinander alle Muskeln des Köpers an. Wichtig ist, dabei nicht die Luft anzuhalten, sondern normal weiter zu atmen. Durch die Anspannung kommt es zu einer verstärkten Durchblutung der Muskeln, bei der Entspannung spürt man eine durchströmende Wärme. Nach den Übungen fühlen sich viele Menschen angenehm schläfrig und entspannt.

Progressive Muskelentspannung ist auch für Kinder relativ leicht zu erlernen. Es lohnt sich, bei Volkshochschulen nach entsprechenden Kursen zu fragen.

Yoga

Yoga ist eine philosophische Lehre aus dem Hinduismus. Ursprünglich war sie rein spirituell geprägt. Die Übungen sind zumeist eine Kombination aus Körperhaltungen und Atemübungen. Es haben sich verschiedene Formen entwickelt, die unterschiedliche Schwerpunkte setzen.

Heute dient Yoga war allem der Entspannung. Durch die Muskel- und sanften Bewegungsübungen können Menschen ihr Körpergefühl, ihre Beweglichkeit und Körperhaltung verbessern.

Yoga-Kurse werden an fast jeder Volkshochschule angeboten. Mit geeigneten Büchern kann man auch versuchen, sich einzelne Praktiken selbst beizubringen.

6.7 Nicht immer dufte: Autismus und Körperhygiene

> Tobias trägt fast immer einen verwaschenen und an einigen Stellen bereits löchrigen blauen Pullover. Den Pullover darf die Mutter nur am Wochenende waschen, was bedeutet, dass er in der Woche von Tag zu Tag stärker riecht. Tobias' Hose ist dauernd dreckig und riecht häufig nach Urin, da er sich auf der Toilette nicht richtig abputzen kann. Auch Tobias' lange fettigen Haare und seine kariösen Zähne finden Mitschüler und Lehrer eklig. Doch zu einem Zahnarzt würde Tobias nie gehen und duschen lässt er sich nur sonntags.

Hygiene und Körperpflege sind ein Problem für einige Menschen im Autismus-Spektrum. Viele sagen, sie mögen das Gefühl von Wasser und/oder Seife bzw. Duschlotion nicht auf ihrer Haut. Manche lehnen baden und duschen schon allein deshalb ab, weil man sich dazu ausziehen muss.

Freilich ist es nicht die Aufgabe der Schule, Kinder zu mehr Hygiene zu erziehen. Wenn ein miefender Mitschüler allerdings in der Klasse für Gerede und Beschwerden sorgt, dann ist das sehr wohl eine Angelegenheit, bei der sich ein sensibler Lehrer mit geeigneten Hinweisen an die Eltern wenden sollte.

Zu ergründen ist für Eltern, ob das Kind gegen bestimmte Inhaltsstoffe von Waschzeug allergisch ist und sie deshalb meiden will. Manchmal rührt der Widerwille sich zu waschen daher, dass ein bestimmter Seifenduft als widerlich empfunden wird. Es kann helfen, mit dem Kind zusammen ein neues Duschmittel einzukaufen. Vielleicht findet das Kind einen Duft, der ihm gefällt, vielleicht mag es auch einfach eine bestimmte Verpackung, von der es sich angezogen fühlt.

Auch stinkende Kleidung muss nicht sein. Eltern sollten hier gebeten werden, das Kind zumindest dann zu einem Kleiderwechsel aufzufordern, wenn die Kleidung anfängt, merklich zu riechen. Es handelt sich dabei nicht um Schikane, sondern um einfache Anstandsregeln in der Gesellschaft, denen sich auch ein Mensch im Autismus-Spektrum aus Rücksicht auf seine Mitmenschen fügen sollte. Je früher ein autistisches Kind daran gewöhnt wird, desto besser.

Ein weiterer Streitpunkt in vielen Familien mit einem autistischen Kind ist die Mundhygiene. Zähneputzen gehört zu einer der Tätigkeiten, die einige Menschen im Autismus-Spektrum vernachlässigen. In der Schule kann eine schlechte Mundhygiene auffallen, wenn das Kind unangenehm aus dem Mund riecht und kaputte Zähne beim Lachen entblößt.

Kommt der Schulzahnarzt, kann es sein, dass das Kind im Autismus-Spektrum sich weigert, ihn in seinen Mund schauen zu lassen. Dahinter muss nicht immer bloße Anstellerei stecken. Es kann zum Beispiel gut sein, dass das Kind die Berührungen der Instrumente des Zahnarztes im Mund nicht ertragen kann oder sich ihm bei der Untersuchung unverhältnismäßig ausgeliefert fühlt.

6.8 Die Sache mit der Liebe

> Tobias ist aufgefallen, dass ein Mädchen aus seiner Klasse ganz schön große Brüste bekommen hat. Oft ist sie tief ausgeschnitten angezogen. Tobias muss immer wieder zu ihr hinsehen. Gerne würde er diese Brüste einmal anfassen. Als er eines Morgens in ihrer Nähe steht, fasst er ihr an die Brust. Das Mädchen kreischt und fragt, was das sollte. Tobias sagt, er sei in sie verliebt.

Können sich Menschen im Autismus-Spektrum überhaupt verlieben? Die Antwort ist grundsätzlich ja. Die meisten Menschen im Autismus-Spektrum können wie andere Menschen auch Liebe empfinden. Allerdings äußern und empfinden sie diese Liebe häufig anders. Gerade wenn es ums Verliebtsein geht, können viele ihre Gefühle nicht richtig einordnen. Es kann vorkommen, dass eine rein äußerliche (sexuelle) Hingezogenheit mit Liebe verwechselt wird.

Viele der Betroffenen neigen dazu, sich ein völlig unrealistisches Bild vom gewünschten Partner und einer Partnerschaft zu machen. Umgekehrt ist es auch so, dass sie Probleme haben, die Erwartungen des Partners zu antizipieren und zu erfüllen. Dies betrifft auch, aber nicht ausschließlich, den Wunsch nach körperlicher Nähe.

In der Schule kann es vorkommen, dass ältere Jugendliche im Autismus-Spektrum mit den Annäherungsversuchen von einem Mädchen oder Jungen konfrontiert werden. Oft können sie damit nicht umgehen. Blicke können fehlgedeutet, Gesten missinterpretiert und Berührungen gar als eine Art Angriff betrachtet werden. Entsprechend heftig können die Reaktionen ausfallen. So mag ein Mädchen im Autismus-Spektrum einen Jungen, der im Unterricht häufig zu ihr herübersieht und sie scheinbar unabsichtlich ab und zu berührt, als »feindlich« empfinden und sich entsprechend zur Wehr setzen. Das sorgt bei allen für Unverständnis.

Im Pubertätsalter gewinnen Liebesbeziehungen an Bedeutung. Für autistische Schüler, die sehr oft in der Reife noch etwas zurückstehen und in der Regel auch länger brauchen, wenn sie überhaupt jemals für eine richtige Beziehung bereit werden, kann es jetzt hart werden. Lehrer können in Gesprächen Jugendlichen im Autismus-Spektrum helfen, ihre Unsicherheit abzubauen, und bei der Klasse für mehr Verständnis sorgen.

Für Aufsehen kann auch heute noch sorgen, wenn sich ein Mädchen im Autismus-Spektrum in ein anderes Mädchen oder ein Jungen im Autismus-Spektrum in einen anderen Jungen verliebt. Gleichgeschlechtliche Liebe ist heute zwar normaler geworden als früher, kann aber in eher konservativ geprägten Regionen noch auf Widerstand stoßen. Zu beachten ist, dass es Hinweise gibt, dass sich Menschen im Autismus-Spektrum häufiger in Personen des gleichen Geschlechts verlieben als andere Menschen. Wenn dann Außenstehende mit Verwunderung oder gar Ablehnung auf die Gefühle reagieren, kann das für den jungen Menschen, der bereits von klein an daran gewöhnt ist, für »falsch« gehalten zu werden, zu einem relevanten inneren Konflikt führen.

Sprechen Sie als Lehrer auch allgemein mit den Kindern über Partnerschaften und wie sie funktionieren:

- Start in die Partnerschaft:
  - Woran merke ich, dass jemand in mich verliebt ist?
  - Woran merke ich, dass ich verliebt bin?
  - Was sind »Schmetterlinge im Bauch«?
  - Wie flirtet man?
- Leben in der Partnerschaft:
  - Was ist wichtig in einer Partnerschaft?
  - Welche Bedeutung haben Berührungen und körperliche Nähe?
  - Was bedeuten Treue und Vertrauen?
  - Wann und warum sagt man: »Ich liebe dich«?
  - Wie wichtig ist Sex?
- Das Ende einer Beziehung:
  - Wie macht man »Schluss«?
  - Wie reagiert man, wenn der Partner die Beziehung beendet?
  - Kann man danach noch Freunde sein?
  - Wie fühlt sich Liebeskummer an?

Auch über das Gefühl »Liebe« sollte sich die Klasse Gedanken machen. Dazu eignen sich unter anderem kreative Ansätze wie ein Mindmap zum Stichwort »Liebe«. Als zentrale Frage in der Mitte eignet sich zum Beispiel: »Was bedeutet Liebe für mich?«. Mögliche Stichworte dazu sind: Geborgenheit, Zuverlässigkeit und Sicherheit, sich aufeinander verlassen können, einander unterstützen und vertrauen können, Ehrlichkeit und Aufrichtigkeit, Akzeptanz und Annahme, ...

6.9 Hochbegabung: Auch »Schlaubi« hat Probleme

Unter den Kindern im Autismus-Spektrum gibt es Hochbegabte. Diese sind jedoch in der Minderheit. Wie viele autistische Menschen tatsächlich hochbegabt sind, ist unklar, belastbare Studien fehlen. Schätzungen zur Häufigkeit von intellektueller Hochbegabung liegen zwischen 3 und 11 Prozent.

Mit der speziellen Problematik von hochbegabten Kindern im Autismus-Spektrum hat sich Philipp Knorr in seiner 2012 veröffentlichten Dissertation[14] befasst. Seine Untersuchungen zeigen, dass sich bei genauem Hinsehen bei den betroffenen Kindern ein sehr heterogenes Bild der verschiedenen kognitiven Leistungen ergibt. Die Diskrepanz zwischen Gesamt-IQ, Sprachverständnis und wahrnehmungsgebundenem logischem Denken einerseits und Arbeitsgedächtnis und Verarbeitungsgeschwindigkeit andererseits sei besonders auffällig. Das könnte sich negativ auf die schulisch-akademische Leistungsfähigkeit auswirken. Die Wissenschaftler Susan G. Assouline und Megan Foley-Nicpon haben sich die Leistungen im Detail angeschaut. In ihrer Studie[15] fiel hochbegabten Kindern im Autismus-Spektrum im Allgemeinen beim Lesen das Ganzwortlesen leichter als die Anforderungen im Bereich Lesegeschwindigkeit zu erfüllen. Am meisten Mühe bereitet das verstehende Lesen. Zusammenfassend lägen die Leseleistungen im überdurchschnittlichen bis weit überdurchschnittlichen Bereich. Betrachtet man die Mathematik, schnitten die Kinder im mathematischen Schlussfolgern besser ab als im Rechnen, am schlechtesten waren die Leistungen bei der Rechengeschwindigkeit. Insgesamt erzielten die Kinder jedoch auch hier Leistungen im überdurchschnittlichen bis weit überdurchschnittlichen Bereich. Beim Schreiben waren die Rechtschreibleistungen besser als der Ausdruck beim Schreiben. Der Ausdruck beim Schreiben wiederum erwies sich als besser als die Leistungen im Bereich Schreibflüssigkeit und Schreibgeschwindigkeit. Insgesamt fiel beim Schreiben eine große Leistungsvarianz auf, die vom durchschnittlichen bis weit überdurchschnittlichen Bereich reicht. Die Leistungen waren sprachlich-expressiv besser als sprachlich-rezeptiv.

Bei den sozialen Kompetenzen schnitten die Kinder indes unterdurchschnittlich ab, auch wurden Schwächen in Bereichen wie Umgang mit Veränderungen oder Aufmerksamkeit deutlich und es zeigten sich emotional-behaviorale Probleme sowie soziale Rückzugstendenzen. Interessant ist, dass sich die Eigenwahrnehmung der Schüler von diesen Befunden unterschied und sie ihre Fähigkeiten in der Selbstauskunft als recht gut beschrieben. Sie berichteten allerdings, dass sie sich wenig beliebt bei den Mitschülern fühlen würden, und erzählten von Angstsymptomen.

---

14 Knorr, Philipp: »Ich verstehe sie falsch und sie verstehen mich falsch«. Die schulische Situation von Kindern und Jugendlichen mit Autismus-Spektrum-Störungen und hoher intellektueller Begabung – Eine explorative Mixed-Method-Studie. Dissertation, Rostock 2012.
15 Assouline, Susan / Foley-Nicpon, Megan: The JAVITS Iowa twice-e ceptional project: Profiles of Iowa's twice-exceptional learners. In: N. Colangelo, S. Assouline, M. Foley Nicpon, J. Reese, R. Malek (Eds.): The Iowa twice-exceptional project [nicht veröffentlichte Projekt-CD]. The Connie Belin & Jacqueline N. Blank International Center for Gifted Education and Talent Development, The University of Iowa College of Education, Iowa 2009.

> Bei Schülern im Autismus-Spektrum mit Hochbegabung können Selbstwahrnehmung und Fremdbild auseinanderdriften.

Auch in anderen Studien zeigten sich hohe akademische Leistungen der hochbegabten Kinder im Autismus-Spektrum, allerdings Schwächen bei zeitlich limitierten Aufgaben sowie bei sozial-adaptiven Fähigkeiten und im Bereich der exekutiven Funktionen. Es darf nicht vergessen werden, dass selbst bei guter Intelligenzleistung schwerwiegende Entwicklungsbesonderheiten auftreten können.

> Wichtig festzuhalten ist, dass auch Kinder im Autismus-Spektrum mit einer sehr hohen kognitiven Leistungsfähigkeit in bestimmten Bereichen die gleiche Symptomschwere haben können wie Betroffene mit einem niedrigen intellektuellen Funktionsniveau. Ihre Entwicklungsbesonderheiten betreffen meistens soziale Funktionsbereiche wie die soziale Informationsverarbeitung.

Um gezielt Kinder im Autismus-Spektrum und hoher Intelligenz zu fördern, haben verschiedene Wissenschaftler Fördermaßnahmen entwickelt, von denen Knorr in seiner Dissertation ausführlich berichtet. Ziel der Maßnahmen ist es, sowohl die schulischen und kognitiven Leistungen zu fördern als auch spezifische Hilfestellungen zu leisten.

Möglich ist zum Beispiel, dass die Schüler in ihren starken Fächern, etwa Mathematik, Biologie, Physik und Fremdsprachen, akzeleriert beschult werden und ergänzend zum Beispiel Kurse an der Universität besuchen dürfen. Gleichzeitig könnten autismusspezifische Fördermaßnahmen in Form von Sozial- und Kommunikationstraining, Verhaltensverträgen oder Token-Programmen in den Schulalltag eingebaut werden. Unter einem Token-Programm versteht man, dass das Kind erst eine bestimmte Menge an Punkten, Chips oder Sternchen sammeln muss, bevor es eine Belohnung bekommt. Weitere Möglichkeiten der autismusspezifischen Förderung, die sich gut für hochbegabte Betroffene eignen, sind visuelle Hilfen, Sozialgeschichten, individuelle Förderpläne, das gezielte Üben von Ironie und Sprichworten und ein spezielles Sozialtraining.

Als weitere autismusspezifische Fördermaßnahmen nennt Knorr unter anderem das Training im Umgang mit Veränderungen, Visualisierung von Unterrichtsinhalten, Plänen, Handlungen, Abläufen, Verhaltensregeln und sozialen Regeln sowie soziales Kompetenztraining. Zu den kognitiven Förderungen gehören zum Beispiel Handlungs- und Coping-Strategien für schwierige Situationen. Zur Förderung der Hochbegabung bieten sich Akzelerationsmaßnahmen, Differenzierung und Individualisierung im Unterricht, schulinterne oder -externe Experten als fachliche Mentoren (persönlich oder online), Vertiefung, Förderung und sukzessive Erweiterung der Spezialinteressen an. Im Einzelfall kann auch über den Besuch einer Spezialschule mit fachlicher Vertiefungsrichtung oder ein partielles Frühstudium nachgedacht werden, zudem ist die Teilnahme an Sommerkursen oder Sommerakademien eine Option.

Ein praktisches Problem bei der Umsetzung ist, dass Professionelle meist nur in einem Bereich (Autismus-Spektrum oder Hochbegabung) firm sind. Für die betroffene Gruppe bräuchte es indes Fachpersonal, das beide Bereiche abdeckt. Eine weitere Herausforderung für die Schule ist, dass autistische Kinder mit Hochbegabung mehr noch als »nur« hochbegabte Kinder oder »nur« autistische Kinder von Mobbing-Erfahrungen berichten.

7 Ausflug in die Arbeitswelt: Das Schülerbetriebspraktikum

Soll Kindern im Autismus-Spektrum, die oft schon an der Schule an ihre Grenzen stoßen, auch noch für die Dauer von ein oder zwei Wochen die Konfrontation mit einer neuen Umgebung, einem neuen Umfeld, fremden Menschen, unbekannten Abläufen und vielen anderen unbekannten Variablen zugemutet werden? Ist das ein Schülerbetriebspraktikum wert? Die Antwort ist sehr oft »ja«. Denn auch junge Menschen im Autismus-Spektrum wollen bzw. müssen früher oder später eine Form der beruflichen Tätigkeit aufnehmen. Ein Schülerbetriebspraktikum kann helfen, eine Richtung zu finden, in die es zukünftig einmal gehen könnte.

Ein Praktikum dient auch dazu, Kontakte zu knüpfen, die später auf der Suche nach einem Ausbildungsplatz oder nach einem erneuen Praktikum helfen können. Das Praktikum zeigt auch deutlich auf, wo in der Berufswelt persönliche Barrieren sind. Dies hilft, die Arbeitsplatzwahl gezielter vornehmen zu können, und ist die Voraussetzung dafür, dass Menschen im Autismus-Spektrum gegenüber möglichen zukünftigen Arbeitgebern ihre Bedürfnisse exakt kommunizieren und um einen für sie notwendigen Barrierenabbau bitten können.

Wie aber lässt sich ein Schülerbetriebspraktikum realisieren? Wie lässt sich verhindern, dass der Schüler mit seinem Ausflug in die Berufswelt scheitert und im schlimmsten Fall so frustriert ist, dass er kaum noch Motivation hat, später überhaupt einen Beruf zu erlernen? Wichtig ist eine gute Planung. Hier sollten Eltern, Praktikumsbetreuer, Schule und ein ggf. vorhandener Schulbegleiter zusammenarbeiten. Sehr zu empfehlen ist, dass die Schulbegleitung oder ein Integrationshelfer das Kind begleitet. Der Schüler sollte vorab umfassend über den Praktikumsplatz informiert werden. Es hilft dem Kind, wenn es möglichst genau weiß, worauf es sich einlassen wird. Ein Vorabbesuch zum Kennenlernen der Örtlichkeiten, der Arbeitsabläufe und der Kollegen ist förderlich. Zu überdenken ist, ob der Schüler im Autismus-Spektrum wie alle anderen Schüler bis zu acht Stunden[16] am Tag im Praktikum arbeiten soll. Unter Umständen profitiert er mehr von einer kürzeren täglichen Anwesenheit im Praktikum, da ihn ein ganzer Tag überfordern und völlig erschöpfen kann.

Schwierig kann es sein, einen geeigneten Praktikumsplatz zu finden. Zum einen muss eine Tätigkeit gefunden werden, die den jungen Menschen interessiert, gleichzeitig aber seine Fähigkeiten, Defizite und Bedürfnisse in angemessener Weise berücksichtigt. Zum anderen muss ein Betrieb gefunden werden, der bereit ist, den Schüler für ein Praktikum anzunehmen. Tipps und Hinweise können unter Um-

---

16 Sieben Stunden bei Kindern bis 15 Jahre und acht Stunden bei Jugendlichen, die 15, aber noch nicht 18 Jahre alt sind.

ständen Autismus-Therapiezentren vor Ort oder andere vernetzte Experten geben. Hier ist es wichtig, Hemmungen abzubauen und Bedenken zu begegnen. Empfehlenswert ist, Gespräche mit dem Integrationshelfer und/oder dem Therapeuten des Kindes anzubieten. Auch ein Gespräch mit den Eltern kann Vorbehalte bei den Arbeitgebern reduzieren. Der Fokus sollte dabei nicht immer auf den »Mängeln« des Kindes liegen, sondern auch immer wieder gezielt auf dessen Stärken gerichtet sein. Was kann das Kind gut, vielleicht sogar besser als andere? Wo liegen seine besonderen Talente? Wofür lässt es sich begeistern? Ein Schüler im Autismus-Spektrum kann im Praktikum für Überraschungen gut sein. Und das nicht nur in negativer Weise.

Checkliste: Autismus und Praktikum

✓ *Eine passende Praktikumsstelle finden*
Es ist sinnvoll, Zeit in die Wahl der Praktikumsstelle zu investieren. Eine geeignete Praktikumsstelle für ein Kind im Autismus-Spektrum sollte zum einen dessen Interessen entsprechen und zum anderen sollten dort die Bedürfnisse des Kindes berücksichtigt werden. Voraussetzung dafür ist, dass die Menschen im Betrieb und vor allem der Vorgesetzte ausreichend über Autismus aufgeklärt sind. Wichtig sind zudem ein fester Ansprechpartner und die Möglichkeit, dass ein Schulbegleiter/eine Integrationskraft das Kind begleiten darf.

✓ *Beschnuppern, bevor es losgeht*
Ein frühzeitiges Kennenlernen, Gespräche vorab zwischen dem Chef und den Mitarbeitern einerseits und den Eltern und/oder der Integrationshilfe des Kindes andererseits sowie ein Auskundschaften der Räumlichkeiten reduzieren bei Kindern im Autismus-Spektrum die Angst vor dem ersten Praktikumstag.

✓ *Abläufe besprechen*
Menschen im Autismus-Spektrum fühlen sich sicherer, wenn sie wissen, was sie erwartet. Es ist daher empfehlenswert, dass das Kind frühzeitig mitgeteilt bekommt, was für Tätigkeiten es im Praktikum genau ausführen wird, wie die Arbeitszeit ist und auf welche Besonderheiten es sich einstellen muss. Hilfreich ist ein Praktikumsplan, in dem genau steht, an welchem Tag das Kind was erwartet. Solche Pläne lassen sich vor allem dann erstellen, wenn es im Praktikumsbetrieb gleichbleibende und berechenbare Abläufe gibt. Dies kommt Menschen im Autismus-Spektrum entgegen. Betriebe, in denen dem Kind spontan Tätigkeiten zugewiesen werden, sind eher ungeeignet.

✓ *Pünktlichkeit*
Der Weg zur Schule ist bekannt und auch, wie lange er dauert. Die Anreise zur Praktikumsstelle hingegen ist neu und nicht vertraut. Um auch bei unerwarteten Verzögerungen – mehr Verkehr morgens als erwartet, Umleitungen etc.

– nicht in Zeitnot zu geraten, sollte das Kind morgens früh genug das Haus verlassen. Mit Pünktlichkeit kann das Kind gleich ein paar Pluspunkte sammeln.

✓ *Bedenken aussprechen*
Das Kind sollte sich trauen, nachzufragen, wenn es eine Aufgabenstellung nicht richtig verstanden hat. Auch wenn ihm eine Tätigkeit Probleme bereitet oder Angst macht, sollte es dies äußern. Ebenso wichtig: vorab mit dem Betrieb vereinbaren, dass das Kind jederzeit bei Überforderung eine Auszeit haben und eine Pause machen kann.

✓ *Geheimnisse für sich behalten*
Dem Kind sollte bewusst sein, dass einige Informationen, die es im Praktikum erhält, im Betrieb bleiben müssen. Am besten gibt der Schüler in entsprechenden Bereichen wie einer Rechtsanwaltskanzlei oder Arztpraxis keine der erhaltenen Informationen an andere Menschen – auch nicht die Eltern oder Schulbegleitung – weiter. Des Weiteren sollte er darauf trainiert werden, auf der Praktikumsstelle nicht von intimen und privaten Angelegenheiten zu erzählen.

✓ *Danke sagen*
Nach dem Praktikum bedankt sich das Kind bei seinem Chef und den Mitarbeitern für das Praktikum. Das kann in Form einer Karte per Post geschehen oder einem kleinen Ausstand, etwa einem Kuchen, den das Kind am letzten Praktikumstag mitbringt.

8 Häufige Lehrerfragen und Antworten

Wie können Lehrer bei einem Schüler eine Autismus-Spektrum-Störung erkennen?

Lehrer sind keine Ärzte oder Therapeuten. Es ist weder ihre Aufgabe noch haben sie die erforderliche Ausbildung, eine Autismus-Spektrum-Störung bei einem Schüler festzustellen. Autismus-Spektrum-Störungen mit ihren vielfältigen Ausprägungsformen äußern sich zudem bei jedem Kind anders. Auch das erschwert die Diagnose.

Gleichwohl gibt es Merkmale und Verhaltensweisen, die den Verdacht, dass ein Schüler eine Autismus-Spektrum-Störung hat, nahelegen. Entsprechende Charakteristika sind unter anderem in dem vorliegenden Ratgeber beschrieben. Wenn Lehrer entsprechende Symptome erkennen, können sie das Thema Autismus sehr sensibel und ganz vorsichtig gegenüber den Eltern oder – je nach Alter des Schülers – auch gegenüber dem Jugendlichen ansprechen. Dabei sollte klar sein, dass es sich nur um eine Vermutung handelt. Hilfreich ist die Empfehlung an die Eltern, sich für weitere Informationen an einen spezialisierten Arzt oder Therapeuten oder ein Autismus-Therapiezentrum zu wenden.

Wie sollen Lehrer reagieren, wenn Eltern bei recht eindeutigen Symptomen ihr Kind nicht diagnostizieren lassen wollen?

Lehrer müssen in einem solchen Fall den Willen der Eltern respektieren. Vielleicht sind die Eltern noch nicht so weit, dass sie den Gedanken akzeptieren oder sich überhaupt damit auseinandersetzen können, dass ihr Kind eine Neurodiversität aufweist, die als Behinderung klassifiziert wird. Nach wie vor ist die Diagnose »Autismus-Spektrum-Störung« für viele Menschen mit Scham behaftet. Manche Eltern mögen auch den Wunsch hegen, dass ihr Kind nur die nächste Entwicklungsstufe noch nicht erreicht hat bzw. sich die Auffälligkeiten »herauswachsen« werden. Lehrer sollten gesprächsbereit bleiben, aber den Eltern nichts aufdrängen, für das diese (noch) nicht empfänglich sind.

Die Diagnose wirkt sich auch nicht immer positiv auf Kinder aus. Es gibt Schüler, die damit nicht zurechtkommen, sich wie abgestempelt fühlen und das eigene Leben mit einer unheilbaren »Störung« als nicht mehr lebenswert empfinden. In einem solchen Fall sind starke Eltern wichtig, die selbst die Diagnose des Kindes akzeptiert haben und ihm Kraft und Zuversicht geben können.

Manchmal hilft sowohl Eltern als auch Kind die Zeit, sich mit dem Gedanken, dass eine Autismus-Spektrum-Störung vorliegen könnte, zu arrangieren.

Wie sollen Lehrer reagieren, wenn Eltern ihnen zwar die Diagnose »Autismus-Spektrum-Störung« anvertrauen, aber auch darum bitten, niemandem davon zu erzählen?

Lehrer sollten den Wunsch der Eltern nach Geheimhaltung respektieren, aber gleichzeitig auch darauf hinweisen, dass dem Kind unter Umständen besser geholfen werden kann, wenn mehr Menschen, etwa andere Lehrer oder Mitschüler, aufgeklärt sind. Mitunter ist es auch hilfreich, die Meinung des betroffenen Schülers zu erfragen. Vielleicht ist es gerade der ausdrückliche Wunsch des Kindes, dass die Diagnose geheim bleibt. Im gegenteiligen Fall – nur die Eltern wollen, dass Verschwiegenheit bewahrt wird – sollte der Lehrer weiterhin Gesprächsbereitschaft zeigen und darauf hinweisen, dass eine Offenlegung den Schulalltag für das Kind auch erleichtern kann.

Ob eine großflächige Aufklärung notwendig und wünschenswert ist, hängt davon ab, ob und wie intensiv ein Schüler Hilfe, etwa in Form eines Nachteilsausgleichs, benötigt und wie auffällig er sich verhält. Kinder, die auch ohne Maßnahmen wie einen Nachteilsausgleich oder die Unterstützung einer Schulbegleitung die schulischen Anforderungen bewältigen können und denen man ihre Neurodiversität nicht sofort anmerkt, kommen unter Umständen tatsächlich besser zurecht, wenn der Kreis derer, die von der Diagnose wissen, so klein wie möglich gehalten wird.

Soll man autistischen Schülerinnen und Schülern überhaupt helfen oder sind sie am glücklichsten, wenn man sie in Ruhe lässt?

Eine Frage, die sich aufdrängt, wenn man tagein, tagaus gegen die Ablehnung und Verweigerungshaltung des Kindes mit Neurodiversität ankämpfen muss, fast nie auf Dank, sondern immer nur auf Unwillen und Unzufriedenheit trifft, ist die, ob man überhaupt im Interesse des Kindes handelt. Gleichwohl kann man den Kindern nur helfen, wenn man sie nicht aufgibt. Menschen im Autismus-Spektrum mögen oft ablehnend erscheinen, oft haben sie auch keine Lust, wollen nicht und können absichtlich andere – meist verbal – verletzen, wenn sie ihre Ruhe haben wollen. Trotzdem können sich einige überaus positiv entwickeln, wenn man erst einmal einen Draht zu ihnen gefunden hat, sie erreicht und begeistern kann. Das kann nicht bei jedem Kind gelingen. Auch nicht jeder Lehrer ist für jedes Kind gleich gut geeignet. Wenn ein Lehrer bei einem Kind gute Erfolge erzielt, kann er bei einem anderen Kind mit seiner Art scheitern. Manchmal reichen schon Kleinigkeiten, um bei einem Menschen im Autismus-Spektrum einen unauslöschbaren Widerwillen, ja geradezu Hass, heraufzubeschwören. Auch das macht die Beschäftigung mit ihnen zu einer Herausforderung und bisweilen vermutlich auch zu einer eher unerfreulichen Arbeit.

Ein Schüler kommt mir oft zu nahe, mag es umgekehrt aber gar nicht, wenn ich oder eines der Kinder sich ihm annähert. Ist das ein Widerspruch?

Nein. Wenn sie Nähe selbst herstellen und die Distanz jederzeit kontrollieren können, haben viele Kinder im Autismus-Spektrum mit Nähe weniger Probleme. Dringt jedoch eine andere Person in ihren Bereich des Wohlfühlabstandes ein, erzeugt das Panik, Fluchtinstinkte und oft auch Aggressivität.

Der Schüler ist hochintelligent, aber faul. Er schreibt schlechte Noten, beteiligt sich nicht am Unterricht, weiß aber alles. Wie soll ich ihn benoten und dabei seiner Neurodiversität Rechnung tragen?

Faulheit mit guten Noten zu belohnen, kann ein falsches Zeichen setzen und dem Kind das Gefühl geben, sich für Erfolge nicht anstrengen zu müssen. Diese Einstellung kann für sein weiteres Leben verheerend sein. Es ist zu überlegen, ob ein solcher Schüler auf eine andere Schule – zum Beispiel von der Realschule aufs Gymnasium – wechseln kann. An der eigenen Schule könnte er gegebenenfalls eine Jahrgangsstufe überspringen. Die sich anbietenden Möglichkeiten sollten in einem Gespräch mit den Eltern, am besten mit dem Kind zusammen, diskutiert werden.

Es ist wichtig, autistische Kinder fachlich genügend zu fördern, da sie sonst in eine allgemeine Keine-Lust-Haltung verfallen können.

Soll man einen autistischen, hochbegabten Schüler durch das Abitur »tragen«?

Auch wenn der Vorschlag nett gemeint ist, was soll danach kommen? Ist das Kind überhaupt fähig zu studieren, will es das überhaupt? Manchen Kindern täte eine Ausbildung besser. Wenn ein Kind hochintelligent aber nicht interessiert ist, dann sollte zunächst versucht werden, an dieser Einstellung zu arbeiten. In einem Gespräch mit dem Kind kann geklärt werden, welche Ziele es im Leben hat. Ohne Ziele und Perspektiven fällt es schwer, sich zu motivieren. Helfen Sie bestmöglich, dem Kind Perspektiven zu eröffnen. Vielleicht kann es sich beim Tag der offenen Tür an der Hochschule für ein Fach begeistern, vielleicht etwas, das mit seinem Spezialinteresse zu tun hat? Machen Sie ihm aber auch klar, dass es für diesen Traum kämpfen muss und dazu gehört, sich in der Schule und fürs Abitur anzustrengen.

Sind autistische Kinder immer hochbegabt?

Von einer überdurchschnittlichen Intelligenz spricht man ab einem IQ von 130. Nur etwa zwei Prozent der Bevölkerung erreichen solche Werte.

Bei Kindern mit Asperger-Autismus können einige ihrer autistischen Merkmale wie das ausgeprägte Gerechtigkeitsempfinden, die Art ihrer Lieblingsthemen, Besserwisserei oder ihre gute Merkfähigkeit an eine Hochbegabung denken lassen. Es sind jedoch nur ganz wenige Menschen im Autismus-Spektrum tatsächlich hochbegabt. Viel größer ist hingegen der Anteil geistig behinderter Menschen. Hier ist jedoch umstritten, inwieweit gängige Intelligenztests der Leistungsfähigkeit dieser autistischen Menschen gerecht werden können. Das kann schon damit anfangen, dass Betroffene Schwierigkeiten haben, die Testbögen richtig auszufüllen und die Aufgabenstellung richtig zu interpretieren.

Haben autistische Schülerinnen und Schüler häufiger AD(H)S?

Auf den ersten Blick mögen Autismus-Spektrum-Störungen und AD(H)S einige Gemeinsamkeiten haben. Dies betrifft vor allem die Bereiche Aufmerksamkeit, Impulsivität und eine eventuelle Hyperaktivität. Experten zufolge leiden autistische Menschen tatsächlich häufiger an der Aufmerksamkeitsstörung, andere Fachleute denken, dass AD(H)S eine Art Vorstufe von Autismus sein könnte.

Soll man der Klasse oder den anderen Eltern vom Autismus erzählen?

Das kommt darauf an. Möglicherweise erleichtert dieser Schritt einiges für das Kind. Viele Dinge sind nur so lange peinlich oder ein Tabu, bis man sie einmal ausgesprochen hat. Die Mitschüler können nun Verständnis für seine Besonderheiten aufbringen, sie wissen, warum der Mitschüler oder die Mitschülerin manchmal anders reagiert, und können dem Kind besser helfen. Eine Erleichterung kann es auch sein, wenn die Eltern der anderen Kinder Bescheid wissen, mit ihren Kindern vielleicht sogar zu Hause über das Thema Behinderung sprechen und sie sensibilisieren, solche Mitschüler nicht auszugrenzen. Es gibt auch Fälle, in denen dieser Schritt kontraproduktiv oder gar schädlich sein könnte. Das kann der Fall sein, wenn das betroffene Kind oder seine Eltern die Diagnose selbst noch nicht akzeptiert haben, damit hadern oder sich dafür schämen. Dann kann mehr Öffentlichkeit die Situation verschlimmern. Im Gespräch kann man oft merken, wie die innere Haltung gerade der Eltern gegenüber der Autismus-Spektrum-Störung tatsächlich ist.

Was tun, wenn das Kind mit der eigenen Behinderung hadert und wie die anderen sein möchte?

Ein Hadern mit der eigenen Behinderung begegnet wahrscheinlich jedem autistischen Menschen irgendwann einmal. Autismus macht vieles schwerer, manche Dinge bleiben einem vielleicht für immer versperrt. Gleichwohl ist ein Leben mit Autismus überaus lebenswert! Wenn ein Kind einmal daran zweifelt, hilft es, ihm all die Stärken aufzuzählen, die es nicht zuletzt dank seiner Neurodiversität hat.

Wie kann man das Kind motivieren?

Um ein Kind nachhaltig motivieren zu können, muss man es gut kennen. Hat es vielleicht irgendwelche besonderen Interessen, die man dazu ausnutzen könnte? Gibt es etwas, das das Kind sehr gerne mag, mit dem man es locken könnte? Hier ist es gut, die Eltern mit ins Boot zu holen und sich gemeinsame Ziele zu setzen: Wenn es das Kind beispielsweise schafft, im nächsten Diktat weniger Fehler zu machen, bekommt es dafür Punkte. Ab einer bestimmten Anzahl Punkte gibt es eine Belohnung. Was das sein kann, legt man am besten auf individueller Ebene fest. Es kommt auch darauf an, welche Möglichkeiten der Lehrer zum Belohnen überhaupt hat und ob die Eltern bereit sind, das Belohnen zu Hause zu übernehmen.

Was tun bei Krisen des Kindes?

Wohl bei jedem Kind im Autismus-Spektrum kommt es früher oder später in der Schule einmal zu einer Krise. Krisen können sich auf individuell unterschiedliche Art und Weise äußern. Das können beispielsweise Angst- und Unruhezustände sein, Panikattacken, Krämpfe, Aggressivität, Selbstverletzungen oder Zwangssymptome. Wichtig ist, dass die Schule Bescheid weiß, wie sie darauf reagieren sollte. Auch das ist individuell unterschiedlich. Allgemein empfehlenswert ist, das Kind im Fall der Fälle aus der Situation zu holen, ihm Ruhe und Rückzug zu gewähren und es vor Reizen zu schützen. Es ist abzuwägen, ob der Schulbesuch für diesen Tag ganz abzubrechen ist und das Kind abgeholt werden sollte. Ideal ist, wenn ein Schulbegleiter dabei ist. Er weiß meistens am besten, wie dem Kind in Krisensituationen zu helfen ist.

Was kann man falsch machen?

Mitleid empfinden viele autistische Menschen als unangemessen. Bei Kindern ist es auch nicht zielführend, sie übermäßig schützen zu wollen. Rücksichtnahme im richtigen Maß ist eine gute Sache, allerdings sollte man es auch nicht übertreiben. Kinder müssen lernen, sich mit dem richtigen Leben zu arrangieren, und je eher sie dies erfahren und sich darin üben können, desto besser. Dem Kind allerdings zu viele Freiheiten zu geben oder es bis über die Grenzen hinaus zu fordern, ist ebenfalls kontraproduktiv und führt nur zu Frustrationen auf allen Seiten. Es ist die richtige Balance aus Nachsicht und Durchgreifen gefragt, was im Schulalltag keine kleine Herausforderung ist.

9 Das Prinzip des Vertrauensvorschusses

Um etwas zu erreichen, muss man sich auch etwas zutrauen. Das gilt auch und ganz besonders für Kinder im Autismus-Spektrum: Ohne ein bisschen Mut und die Bereitschaft, auch mal zu scheitern, sind große Entwicklungsschritte kaum möglich. Oft aber möchten Eltern und andere Bezugspersonen autistische Kinder übermäßig schützen und »in Watte packen«. Was gut gemeint ist, kann sich auf die Entwicklung des Kindes negativ auswirken.

Wenn ein Kind immer nur hört: »Das kannst du nicht«, oder: »Das ist zu schwer, das mache ich für dich«, bekommt es das Gefühl, dass es wirklich kaum etwas kann und sich besser schonen und zurückhalten sollte. Ein solches Kind ist es nicht gewohnt, Herausforderungen anzunehmen, es wird dazu erzogen, den leichtesten Weg mit den geringsten Widerständen zu wählen. Ohne Hindernisse und Reibereien kann man aber nicht wachsen und reifen. Man tut den Kindern also nichts Gutes, wenn man ihnen zu viel »ersparen« will. Nur wer sich reibt, kämpft und auch mal hinfällt, kann über sich hinauswachsen.

Um Herausforderungen anzunehmen, braucht man Selbstvertrauen, Vertrauen in die eigenen Fähigkeiten, Optimismus und Mut. Genau hier können Eltern und Lehrer das Kind unterstützen. Sätze wie: »Ich glaube an dich«, »Ich weiß, dass du das schaffen kannst«, stärken das Kind.

Manchmal muss man dabei Vertrauen im Vorschuss geben – bei einem Kind im Autismus-Spektrum kann das anschließende Ergebnis erstaunlich sein. Aus wenig selbstständigen Kindern werden plötzlich Kinder, die einiges zustande bringen, und das nur, weil ihnen jemand gesagt hat, dass sie es können, dass sie es versuchen dürfen.

> **Merke**
>
> Menschen im Autismus-Spektrum können manches nicht oder nicht so gut. Oft können sie aber viel mehr, als man ihnen zutraut. Dieses Potenzial wollen und sollen sie zeigen.

Allein der Mut zur Veränderung und umso mehr jeder auch noch so kleine Erfolg verdienen großes Lob und Anerkennung. Niemand sollte aber zu schnell zu viel erwarten, autistischen Menschen muss man Zeit geben. Dabei sollten Lehrer immer im Hinterkopf behalten: Jeder noch so kleine Schritt in die richtige Richtung ist ein Erfolg. Manchmal muss man aber auch Schritte rückwärts gehen, um voranzukommen.

9 Das Prinzip des Vertrauensvorschusses

Literaturempfehlungen:
Fachbücher zum Autismus-Spektrum

Albers, Timm: Mittendrin statt nur dabei. Inklusion in Krippe und Kindergarten. 2011.
Amrhein, Bettina: Inklusion in der Sekundarstufe. Eine empirische Analyse. 2011.
Anderlik, Lore: Montessori – Ein Weg zur Inklusion: Überlegungen aus der Praxis für die Praxis. 2. Auflage 2015.
Asperger, Hans: Heilpädagogik. Einführung in die Psychopathologie des Kindes für Ärzte, Lehrer, Psychologen, Richter und Fürsorgerinnen. 1952.
Attwood, Tony: Das Asperger-Syndrom. Ein Ratgeber für Eltern. 2000.
Attwood, Tony: Das Asperger-Syndrom: Das erfolgreiche Praxis-Handbuch für Eltern und Therapeuten. 4. Auflage 2016.
Attwood, Tony: Ein ganzes Leben mit dem Asperger-Syndrom. Alle Fragen – alle Antworten. 2008.
Attwood, Tony: Leben mit dem Asperger-Syndrom: Von Kindheit bis Erwachsensein – alles was weiterhilft. 3. Auflage 2019.
Autismus Deutschland e. V.: Asperger-Syndrom – Strategien und Tipps für den Unterricht. Eine Handreichung für Lehrer. (Übersetzung einer Broschüre der National Autistic Society.) 2006.
Bernard-Opitz, Vera / Häußler, Anne: Praktische Hilfen für Kinder mit Autismus-Spektrum-Störungen (ASS). Fördermaterialien für visuell Lernende. 4. Auflage 2023.
Bernard-Opitz, Vera: Kinder und Jugendliche mit Autismus-Spektrum-Störungen: Ein Praxishandbuch für Therapeuten, Eltern und Lehrer. 4. Auflage 2020.
Dodd, Susan / Nohl, Andreas: Autismus: Was Betreuer und Eltern wissen müssen. 2011.
Dziobek, Isabel / Stoll, Sandra: Hochfunktionaler Autismus bei Erwachsenen. Ein kognitiv-verhaltenstherapeutisches Manual. 2019.
Gray, Carol: Comic Strip Gespräche: Illustrierte Interaktionen – Wie man Schülern mit Autismus und ähnlichen Beeinträchtigungen Kommunikationsfähigkeiten vermitteln kann. 2. Auflage 2019.
Grossberg, Blythe: Asperger's and Adulthood: A Guide to Working, Loving, and Living with Asperger's Syndrome. 2017.
Hermelin, Beate: Rätselhafte Begabungen. Eine Entdeckungsreise in die faszinierende Welt außergewöhnlicher Autisten. 2017.
Hold, Svenja: Asperger bei Erwachsenen: Der praktische Ratgeber zum Meistern des Alltags mit dem Asperger-Syndrom inkl. Selbsttest, Tipps & Übungen. 2022.
Klicpera, Christian / Innerhofer, Paul: Die Welt des frühkindlichen Autismus. Befunde, Analysen, Anstöße. 2002.
Knorr, Philipp: »Ich verstehe sie falsch und sie verstehen mich falsch«. Die schulische Situation von Kindern und Jugendlichen mit Autismus-Spektrum-Störungen und hoher intellektueller Begabung – Eine explorative Mixed-Method-Studie. Dissertation, Rostock 2012.
Lienhard-Tuggener, Peter / Joller-Graf, Klaus / Mettauer Szaday, Belinda: Rezeptbuch Schulische Integration: Auf dem Weg zu einer inklusiven Schule. 2. Auflage 2015.
Matzies, Melanie: Sozialtraining für Menschen mit Autismus-Spektrum-Störungen (ASS): Ein Praxisbuch. 2. Auflage 2014.
Notbohm, Ellen / Zysk, Veronica: 1001 Ideen für den Alltag mit autistischen Kindern und Jugendlichen: Praxistipps für Eltern, pädagogische und therapeutische Fachkräfte. 2019.
Noterdaeme, Michele / Enders, Angelika (Hrsg.): Autismus-Spektrum-Störungen (ASS). Ein integratives Lehrbuch für die Praxis. 2. Auflage 2017.

Preissmann, Christine: Asperger – Leben in zwei Welten. Betroffene berichten: Das hilft mir in Beruf, Partnerschaft & Alltag. 4. Auflage 2022.

Preissmann, Christine: Glück und Lebenszufriedenheit für Menschen mit Autismus. 2. Auflage 2021.

Preissmann, Christine: Mit Autismus leben. Eine Ermutigung. 2. Auflage 2021.

Preissmann, Christine: Psychotherapie und Beratung bei Menschen mit Asperger-Syndrom: Konzepte für eine erfolgreiche Behandlung aus Betroffenen- und Therapeutensicht. 5. Auflage 2023.

Preissmann, Christine: Überraschend anders: Mädchen & Frauen mit Asperger. 2. Auflage 2020.

Price, Devon: Unmasking Autism. The Power of Embracing Our Hidden Neurodiversity. 2022.

Schirmer, Brita: Schulratgeber Autismus-Spektrum. Ein Leitfaden für LehrerInnen. 4. Auflage 2016.

Schuster, Nicole / Matzies-Köhler, Melanie: Colines Welt hat tausend Rätsel. Alltags- und Lerngeschichten für Kinder und Jugendliche mit Asperger-Syndrom. 4. Auflage 2023.

Schuster, Nicole / Schuster, Ute: Vielfalt leben – Inklusion von Menschen mit Autismus-Spektrum-Störungen. Mit praktischen Ratschlägen zur Umsetzung in Kita, Schule, Ausbildung, Beruf und Freizeit. 2. Auflage 2022.

Schuster, Nicole: Colines Welt hat neue Rätsel. Alltagsgeschichten und praktische Hinweise für junge Erwachsene mit Asperger-Syndrom. 2. Auflage 2023.

Schwalb, Helmut / Theunissen, Georg (Hrsg.): Inklusion, Partizipation und Empowerment in der Behindertenarbeit. 2009.

Seger, Britta / Wilms, Anika: Was ist mit Tom? Geschichten zur Aufklärung über Autismus (Aspergersyndrom) in Kindergarten und Grundschule. 2011.

Simone, Rudy / Bischoff, Ursula: Aspergirls – Die Welt der Frauen und Mädchen mit Asperger. 2012.

Tebartz van Elst, Ludger (Hrsg.): Das Asperger-Syndrom im Erwachsenenalter und andere hochfunktionale Autismus-Spektrum-Störungen. 2012.

Tebartz van Elst, Ludger: Autismus, ADHS und Tics. Zwischen Normvariante, Persönlichkeitsstörung und neuropsychiatrischer Krankheit. 3. Auflage 2022.

Theunissen, Georg: Autismus und herausforderndes Verhalten. Praxisleitfaden Positive Verhaltensunterstützung. 5. Auflage 2022.

Theunissen, Georg: Autismus und herausforderndes Verhalten. Praxisleitfaden Positive Verhaltensunterstützung. 4. Auflage 2021.

Theunissen, Georg: Basiswissen Autismus und komplexe Beeinträchtigungen. Lehrbuch für die Heilerziehungspflege, Heilpädagogik und (Geistig-)Behindertenhilfe. 2. Auflage 2022.

Theunissen, Georg: Menschen im Autismus-Spektrum. Verstehen, annehmen, unterstützen. 2014.

Vogeley, Kai: Anders sein. Autismus-Spektrum-Störungen im Erwachsenenalter – Ein Ratgeber. 2016.

Hilfreiche Webseiten

https://www.autismus-forschungs-kooperation.de/projekte-der-afk/wissen-ueber-autismus-bei-lehrern/
Autismus-Forschungs-Kooperation: Ergebnisse der Untersuchung »Wissen über Autismus bei Lehrern«

www.autismus.de
Offizielle Seite des Bundesverbands Autismus Deutschland e. V.

www.aspies.de
Selbsthilfeforum mit vielen wichtigen Adressen, Links und allgemeinen Informationen über das Asperger-Syndrom

https://www.autismspeaks.org/
Internationale Seite über Autismus

http://www.autista-heilbronn.de/
Kooperationsprojekt des autismus Stuttgart e. V. und des ASB Heilbronn e. V. mit dem Ziel, Ausbildung und Arbeit für Menschen mit Autismus zu fördern

www.autistenhilfe.at
Hilfe für Autisten in Österreich

www.autismus.ch
Hilfe für Autisten in der Schweiz

www.autismus-verstehen.de
Hilfe und Informationen für Autisten und Angehörige

www.einzigartig-eigenartig.de
Elterninitiative Fallingbostel

www.autismus-wir-eltern.de
Seiten von und für Eltern von autistischen Kindern

www.asperger-eltern.de
Seiten von und für Eltern von Asperger-autistischen Kindern

www.eine-schule-fuer-alle.info/
Elternseite für Inklusion in der Schule

https://autismus-kultur.de/
Informationen über Autismus und die Wünsche von Menschen im Autismus-Spektrum

Hilfreiche Webseiten

http://www.bildungsserver.berlin-brandenburg.de/fileadmin/bbb/unterricht/sonderpaedagogische_Foerderung_und_gemeinsamer_Unterricht/2009-06-05_HR_Autismus.pdf
Handreichung des Landesinstitut für Schule und Medien Berlin-Brandenburg zum Thema »Sonderpädagogische Förderung – Autismus«

https://www.schule-bw.de/faecher-und-schularten/schularten/sonderpaedagogische-bildung/unterricht_materialien_medien/informationen/anlage/autismus-handreichung.pdf
Handreichung des Ministeriums für Kultus, Jugend und Sport Baden Württemberg zur schulischen Förderung von Kindern und Jugendlichen mit autistischen Verhaltensweisen

https://www.autismus.de/fileadmin/RECHT_UND_GESELLSCHAFT/StellungnahmeNachteilsausleichaktuell.pdf
Nachteilsausgleich für Schülerinnen und Schüler mit einer Autismus-Spektrum-Störung. Stellungnahme des Wissenschaftlichen Beirats des Bundesverbandes autismus Deutschland e. V.

https://www.elternzentrum-berlin.de/download/ezb_handreichungen/2011-03-22LF_Schulassistenz_A4download.pdf
Tipps zur Beantragung einer Schulassistenz

Tipps für Unterricht und Schule auf einen Blick

Zu Kapitel 2: Was ist Autismus?

> Ziel: Auf die besondere Wahrnehmungswelt von Schülern im Autismus-Spektrum sensibel eingehen

- Für eine geeignete Beleuchtung sorgen
- Sonneneinstrahlung reduzieren
- Quellen für Lichtreflexionen ausschalten
- Ein Klassenzimmer wählen, das möglichst lärmgeschützt liegt
- Bei Stillarbeiten dem Kind erlauben, Ohrenstöpsel zu verwenden
- Störende Geruchsquellen entfernen (gilt auch für stark riechende Parfüms)
- Akzeptieren, wenn das Kind sich eine Tischdecke und eine Sitzauflage mitbringt, weil es sich vor den Schulmöbeln ekelt

Zu Kapitel 3: Gute Rahmenbedingungen schaffen

> Ziel: Das Lernumfeld autistischer Kinder optimieren

Interessiert sein

- Sich Informieren und Vorurteile/Fehlinformationen abbauen!
- Immer den individuellen Menschen betrachten und nicht die eigenen Vorstellungen von Autismus auf ihn projizieren

Inklusion leben

- Inklusion muss gewollt sein
- Bereit sein, von und mit autistischen Schülern zu lernen
- Hilfe holen bei Autismus-Experten
- Mit den Eltern zusammenarbeiten
- Kreativ sein, um Barrieren abzubauen

Sitzordnung

- Nicht zu oft ändern
- Wenn erwünscht, einen Einzeltisch anbieten
- Sensorische Besonderheiten beachten und einen Platz mit möglichst wenig Störquellen wählen (Irritiert das Sonnenlicht am Fensterplatz? Kann das Kind den Lehrer nur in der ersten Reihe verstehen?)

Pausen

- Für Rückzugsmöglichkeiten sorgen
- Nicht zwingen, mit den anderen gemeinsam auf den Pausenhof zu gehen
- Vor anderen Schülern schützen, wenn erforderlich
- Eingreifen, wenn das Kind in Situationen mit Mitschülern gerät, die es alleine nicht lösen kann

Veränderungen

- Rechtzeitig ankündigen, damit sich das Kind darauf einstellen kann
- Verständnis zeigen, wenn das Kind mit Veränderungen überfordert ist

Klassenfahrten

- Klassenreisen können die sozialen Möglichkeiten des Kindes übersteigen
- Freistellen, ob das Kind mitfahren möchte oder nicht
- Eine vertraute Person mitreisen lassen
- Erlauben, eigene Verpflegung mitzubringen
- Dem Kind regelmäßige Auszeiten am Reiseziel verschaffen
- Ablauf und Programm vorab genau ankündigen

Ungeschriebene Regeln

- Über Gefühle sprechen und welche Verhaltensweisen welche Gefühle auslösen
- Verhaltensregeln erklären, auch scheinbare Selbstverständlichkeiten
- Ein »Gesetzbuch« fürs Klassenzimmer mit Verhaltensregeln erstellen
- Die Klassenkameraden für die sozialen Schwächen des Kindes sensibilisieren und zum Helfen auffordern

Gestik und Mimik

- Der Klasse mitteilen, dass das Kind mit Gestik und Mimik Probleme haben kann
- Zeichen der Körpersprache erklären

- Als Übung die Klasse auffordern, bestimmte Gefühle überdeutlich zu artikulieren (z. B. »Ich freue mich« = breites »Cheese«-Grinsen)
- Körpersprache in Rollenspielen anwenden lassen

Blickkontakt

- Darüber reden, warum Blickkontakt so wichtig ist
- Redensarten mit der Klasse sammeln, in denen »Augen«, »Blicke« o. ä. vorkommen
- Filmszenen anschauen und untersuchen, wohin die Menschen beim Sprechen gucken
- Beim Gespräch »unter vier Augen« (nicht vor der Klasse) das Kind immer wieder ermahnen, einen anzuschauen

Gewaltausbrüche

- Oft als vermeintliche »Lösung« für Überforderung
- Ursachen suchen und versuchen, diese zu meiden
- Dem Kind behutsam erklären, dass es anderen Schmerzen zufügt (oft ist ihm das gar nicht bewusst)
- Mit der Klasse nach Ideen suchen, wie man Aggressionen abbauen kann (z. B. kaltes Wasser über die Handgelenke laufen lassen, sich im Sport auspowern, auf die Atmung konzentrieren und bis 500 zählen etc.)

Anschluss in der Klasse

- Ein paar geeignete Schüler als »Mentoren« (bzw. Paten) auswählen und beauftragen, das Kind im Autismus-Spektrum zu unterstützen
- Regelmäßige Feedback-Runden anbieten, in denen die Schüler über Probleme beim Miteinander sprechen können

Social Training

- Mit Bildern und Bildergeschichten arbeiten
- Die autistische, sächliche und die nicht-autistische, soziale Sichtweise gegenüberstellen
- Im Tierreich nach Beispielen für beide suchen (z. B. Delfine und Wölfe sind soziale Tiere, Katzen und Hamster Einzelgänger)

Kreativität fördern

- Dem Kind in kreativen Fächern Freiräume bieten, damit es seine besondere Fantasie ausleben kann

Endlos-Monologe stoppen

- Im privaten Gespräch: Klare Ansagen machen, dass es jetzt reicht
- Im Unterricht: Geheimes Signal mit dem Kind ausmachen, dass sein Beitrag jetzt zum Ende kommen muss

Umgang mit selbst auferlegten Regeln

- Wenn möglich, für das Kind wichtige Regeln einhalten
- Zu extreme oder unsinnige Regeln schrittweise und mit viel Geduld abgewöhnen (z. B.: »Es passiert nichts Schlimmes, wenn du nicht jeden Morgen fünf Mal um den Gruppentisch läufst«)

Psychische Erkrankungen

- Sofern die Schule ein Auslöser ist: Entsprechende Ursachen suchen und beseitigen
- Bei Anzeichen von psychischen Problemen Gespräch mit den Eltern suchen
- Behandlung ist ein Fall für den Facharzt

Organisationsprobleme

- Anleitungen zur Selbstorganisation geben (auch für die anderen Schüler hilfreich)
- Einen besonderen Stundenplan aufstellen, in dem neben den Fächern auch die benötigten Materialen aufgeführt sind (z. B. Sport: Turnschuhe, Sporthose, Sportshirt, Erfrischungsgetränk; Mathematik: Mathebuch und -heft, Geodreieck, Lineal, gespitzter Bleistift, Radiergummi, Taschenrechner)

Hochs und Tiefs in der Leistung

- Verständnis dafür aufbringen, dass das Kind an manchen Tagen mit sonst leicht zu bewältigenden Aufgaben überfordert sein kann
- Wissen, dass das Kind vielleicht perfekt Eier aufschlagen kann, aber jedes Mal daran scheitert, sich die Schuhe zuzubinden

Schulhelfer/Schulbegleiter

- Können eine Unterstützung für den autistischen Schüler und eine Entlastung für Eltern und Lehrpersonal sein
- Ideal ist, wenn Lehrer und Schulbegleitung ein Team bilden (die Schulbegleitung hat nicht die Aufgabe, den Lehrer zu kontrollieren, umgekehrt erleichtert der Lehrer der Schulbegleitung die Arbeit, wenn er sie bestmöglich integriert)

- Selbstständige Kinder können möglicherweise durch eine Schulbegleitung in ihrer Entwicklung gebremst werden
- Im Einzelfall über den Nutzen einer Schulbegleitung entscheiden

Zu Kapitel 4: Allgemeine Probleme

> Ziel: Für allgemeine schulische Probleme autistischer Schüler bestmögliche Lösungswege finden

Blumige Aussagen

- Bildliche Redewendungen vermeiden oder erklären
- Redensarten zum Unterrichtsthema bzw. Forschungsprojekt für die Klasse machen

Den roten Faden finden

- Beachten, dass viele autistische Kinder Probleme haben, Zusammenhänge zu erfassen
- In Texten das Wesentliche markieren
- Anleitungen geben, woran man das Handlungsgerüst von Ausschmückungen unterscheiden kann

Missverständnisse vermeiden

- Auch bei einfachen Aufgaben/Erklärungen überprüfen, ob das Kind alles richtig verstanden hat
- Geheimzeichen vereinbaren, wenn das Kind Hilfe braucht
- Aufforderungen klar und direkt ausdrücken
- Indirekte Formen und Höflichkeitsformulierungen vermeiden

Gruppenarbeit ermöglichen

- Ziel und Prinzip der Gruppenarbeit erklären
- Die Partner für das autistische Kind gezielt aussuchen
- Das Kind und seine Gruppe mit kurzen, leichten Aufgaben an die gemeinschaftliche Arbeit heranführen

Umgang mit unleserlicher Schrift

- Für handschriftliche Arbeiten dem Kind mehr Zeit geben
- Wenn möglich und sofern es dem Kind hilft, mit dem Computer schreiben lassen

Mut zur mündlichen Mitarbeit

- Nicht gleich den ersten aufzeigenden Schüler drannehmen: Kinder im Autismus-Spektrum brauchen oft länger, bis sie ihre Gedanken geordnet haben
- Stoppen, wenn das Kind sich mit seinen Aussagen blamiert und sofort eingreifen, wenn es ausgelacht wird
- Bei sehr schweigsamen und wenig kommunikativen Kindern über eine Sonderregelung zur Gewichtung der mündlichen Beteiligung nachdenken

Große Klassen managen

- Fair, aber konsequent durchgreifen: Verschafft Achtung in den Augen vieler autistischer Kinder
- Versuchen, in allen Entscheidungen gerecht zu bleiben: Ungerechtigkeiten regen viele autistische Menschen auf
- »Chaoten« klar in die Schranken verweisen

Den Unterricht spannend gestalten

- Moderne Medien einsetzen
- Die Kreativität der Kinder anregen und ihnen Freiräume beim Aufgabenlösen geben

Das visuelle Gedächtnis anregen

- Mit Grafiken und Bildern arbeiten
- Mindmaps zur Strukturierung der Gedanken einführen
- Gedächtnisübungen machen, die auf visuellen Methoden basieren

Zeit ist relativ

- Zeitlicher Druck wirkt kontraproduktiv und kann das Kind blockieren
- Zusätzliche Arbeitszeit bei Klassenarbeiten und Stillarbeiten bewilligen

Reizüberflutung und nervlicher Zusammenbruch

- Typische Auslöser vermeiden (zu viel Stress, zu viele Reize, zu wenig Erholungspausen)
- Dem Kind jederzeit eine Rückzugsmöglichkeit bieten
  - Einen Stufenplan für den Notfall erstellen: Leichte Symptome der Überforderung: Viertelstunde an die frische Luft
  - Mäßige Symptome der Überforderung: Mit der Schulbegleitung so lange wie nötig ein ruhiges Zimmer aufsuchen

– Starke Symptome der Überforderung: So bald wie möglich nach Hause (im Vorfeld klären, wen man anrufen kann, wer das Kind nach Hause begleitet, ob und wann jemand daheim ist etc.)
- Sensibel und schnell auf erste Zeichen der Überforderung reagieren

Zu Kapitel 5: Fachspezifische Probleme

> Ziel: Typischen Schwierigkeiten differenziert nach dem jeweiligen Unterrichtsfach wirkungsvoll begegnen

Mathematik und Naturwissenschaften

- Logisches, analytisches Denken kommt vielen Kindern im Autismus-Spektrum entgegen
- Vorsicht bei Textaufgaben und Transferleistungen

Deutsch

- Häufige Problemfelder: Rechtschreibung, Textverständnis und Textbearbeitung
- Schritt für Schritt anleiten, wie man einen Text zusammenfasst
- An Beispielen zeigen, wie Interpretieren funktioniert

Fremdsprachen

- Eine möglicherweise rein visuell oder auditiv ausgerichtete Lernweise des Kindes berücksichtigen
- Fehlerhafte Aussprache nicht vor der Klasse kritisieren, sondern im privaten Gespräch praktische Hilfestellungen geben (z. B.: bei dem Laut xy muss deine Zunge in der Position z sein)

Geschichte

- Zahlen, Daten, Fakten faszinieren viele Kinder im Autismus-Spektrum
- Das Interpretieren alter Quellen kann schwerfallen und zu unerwarteten Ergebnissen führen

Gesellschaftswissenschaften/Soziologie

- Ein grundsätzliches Verständnis für den Sinn und Zweck solcher Unterrichtsfächer kann fehlen
- Schüler über Umwege motivieren, z. B. übers Spezialinteresse (»Du magst Insekten? Dann kannst du uns sicherlich erzählen, wie es mit dem Staatenbau bei

Bienen und Ameisen aussieht. Was ist anders als bei uns Menschen? Wo gibt es Gemeinsamkeiten?«)

Religion

- Möglicherweise sehr festgefahrene, ganz eigene religiöse Überzeugungen
- Diskussionen zwecklos bis kontraproduktiv
- Sensibilität erforderlich, um einerseits den Glauben des Kindes zu tolerieren, ihm andererseits aber zu zeigen, dass es selbst den abweichenden Glauben anderer akzeptieren muss
- »Bekehrungsversuche« vermeiden

Musik

- Außergewöhnliche musikalische Fähigkeiten fördern
- Anbieten, im Schulchor, in der Schulband o. ä. mitzumachen
- Achtung: An Takt- und Rhythmus-Gefühl kann es mangeln

Sportunterricht

- Häufig Schwierigkeiten in sportlichen Disziplinen wie Ballspielen und Mannschaftssportarten
- Schwimmen, Ausdauersportarten und Einzelsportarten können eher liegen
- Wichtig: Ein sportlich wenig geschicktes autistisches Kind vor der Klasse schützen und niemals vorführen
- Gegebenenfalls über eine Befreiung von bestimmten Sportarten nachdenken und das Kind die Inhalte theoretisch aufarbeiten lassen

Zu Kapitel 6: Autisten in der Klasse – Eine Herausforderung für alle

> Ziel: Auf herausforderndes Verhalten autistischer Schüler in Unterricht und Schule richtig reagieren

Peinliches Verhalten im Unterricht

- Schulbegleitung als Vermittler nutzen
- Die Eltern/die Schulbegleitung ansprechen, wenn sich das Kind wiederholt anstößig verhält
- Dem Kind erklären, dass einige Wörter doppeldeutig sind
- Spannung abbauen und von eigenen peinlichen Missverständnissen erzählen

Kein Respekt vor den Lehrkräften

- Sich nicht persönlich angegriffen fühlen und versuchen, die Situation aus professioneller Distanz heraus zu betrachten
- Dem Kind Beleidigungen nicht übelnehmen, da ihm meistens gar nicht bewusst ist, wie verletzend es sich verhält
- Nötigen Respekt einfordern, Eltern und/oder Schulbegleitung involvieren

Startschwierigkeiten

- Das Anfangen erleichtern, indem Arbeitsabläufe genau erklärt werden
- Kurze Step-by-Step-Anleitungen geben
- Das Kind deutlich auffordern, jetzt anzufangen
- Berührungen, direkte Ansprache oder ein individuell geeignetes Startsignal helfen, Startschwierigkeiten zu überwinden

Die Konzentration geht auf Wanderschaft

- Kinder mit beschränkter Aufmerksamkeitsfähigkeit im Unterricht nicht überfordern
- Schleichende Unkonzentriertheit nicht kritisieren, sondern als Teil der Neurodiversität akzeptieren
- Auf individuelle Hilfsmöglichkeiten Rücksicht nehmen: Konzentrationsfördernd kann sein, wenn die Hände mit einem Knetspielzeug beschäftigt sind, wenn die Kinder über Kopfhörer Musik hören dürfen oder nebenbei auf einem Papier kritzeln
- Aufmerksamkeitsfähigkeit mit Bilderkarten trainieren, die das Kind nach kurzem Ansehen beschreiben soll
- Dem Kind Karten nach dem Ampel-System zeigen: Bei Grün ist alles okay, bei Gelb schweift es langsam ab und bei Rot ist es mit seinen Gedanken längst woanders
- Kling Glöckchen, kling: Beim Klingeln der Glocke soll das Kind überprüfen, ob es dem Unterricht noch folgt
- Alarm in der Hosentasche: Bei einer Klassenarbeit kann ein auf Vibrationsalarm gestelltes Handy, das alle zehn Minuten in der Hosentasche des Kindes vibriert, die Aufforderung zu mehr Konzentration sein

Reaktionen auf Ablenkungen trainieren

- Bei Stillarbeiten Ablenkungsfaktoren produzieren. Schafft es das Kind, konzentriert zu bleiben, bekommt es eine Belohnung
- Das Kind belohnen, wenn es sich im Unterricht durch Reize von draußen nicht ablenken lässt
- Die ganze Klasse darauf trainieren, sich nicht bei jedem Gemurmel umzudrehen

Entspannung zum Ausgleich: Autogenes Training und Co.

- Entspannungsmethoden wie Autogenes Training, Yoga oder Progressive Muskelentspannung nach Jacobsen zusammen mit der Klasse kennenlernen
- Eltern anregen, einen Kurs für Entspannungstechniken mit dem Kind zu besuchen
- Einen Experten für Entspannungsmethoden in die Klasse bzw. zu einer Elternversammlung einladen

Nicht immer dufte: Autismus und Körperhygiene

- Beschwerden von Mitschülern ernst nehmen
- Bei waschunwilligen Menschen im Autismus-Spektrum die Eltern auf die mangelnde Hygiene ansprechen
- Mit dem Kind und dessen Eltern nach Gründen für die schlechte Körperhygiene suchen
- Extreme Ängste, zum Beispiel vor dem Schulzahnarzt, akzeptieren und eine Teilnahme nicht erzwingen

Die Sache mit der Liebe

- In einer pubertierenden Klasse das Thema »Liebe« besprechen
- Unterschiede zwischen Liebe, körperlicher Anziehung und Freundschaft erklären
- Hervorheben, dass man nicht zwangsläufig einen Partner braucht, um ein vollständiger Mensch zu sein
- Vor- und Nachteile einer Partnerschaft besprechen
- Einschreiten, wenn ein Kind ausgegrenzt wird, weil es keinen Freund/keine Freundin hat

Zu Kapitel 7: Ausflug in die Arbeitswelt: Das Schülerbetriebspraktikum

> Ziel: Das Schülerbetriebspraktikum zu einem für das Kind bestärkenden Erlebnis machen

Eine passende Praktikumsstelle finden

- Interessen des Kindes berücksichtigen
- Aufklärung im Betrieb
- Auf geeignete Rahmenbedingungen achten
- Fester Ansprechpartner
- Schulbegleitung ggf. mitnehmen

Beschnuppern, bevor es losgeht

- Ein frühzeitiges Kennenlernen arrangieren
- Mit der Umgebung/den Räumlichkeiten vertraut machen

Abläufe besprechen

- Tätigkeiten vorab besprechen
- Detaillierten Praktikumsplan anlegen
- Darauf achten, dass das Kind viel Routinearbeit erledigen kann und nicht spontan reagieren muss

Pünktlichkeit

- Morgens genug Zeit einplanen

Bedenken aussprechen

- Bei Problemen, Bedenken oder Unverständnis das Kind auffordern, nachzufragen
- Das Kind muss wissen, dass es jederzeit eine Pause machen darf

Geheimnisse für sich behalten

- Dem Kind erklären, dass Betriebsinterna im Betrieb bleiben müssen

Danke sagen

- Nach dem Praktikum mit einer Karte oder einem kleinen Ausstand Danke sagen.

Zu Kapitel 8: Häufige Lehrerfragen und Antworten

> Ziel: Kennen und Beherrschen folgender »Basics« im Umgang mit autistischen Schülern und Krisen zu erkennen und richtig darauf reagieren

- Sensibel mit der Diagnose »Autismus-Spektrum-Störung« umgehen und den bloßen Verdacht niemandem aufzwängen.
- Menschen im Autismus-Spektrum sind darauf angewiesen, dass sie Hilfe bekommen – von sich aus fragen sie jedoch selten darum
- Sich als Lehrer in seinem eigenem Handeln von einer ablehnenden Haltung des Kindes nicht verunsichern lassen
- Abstand von der Sorge um das Kind nehmen, wenn die eigene Belastung zu groß wird

- Bei körperlicher Nähe den individuellen Wohlfühlabstand des Kindes berücksichtigen
- Auf Faulheit reagieren und nicht tolerieren
- Nicht jeder hochbegabte autistische Schüler muss grundsätzlich Abitur machen; wichtig ist, ob er es will
- Nicht jeder Mensch im Autismus-Spektrum auf der Regelschule ist hochbegabt
- Bei andauernder Aufmerksamkeitsschwäche auch an ein AD(H)S denken
- Autismus nicht tabuisieren, sondern offen thematisieren, wenn das für das Kind und seine Eltern in Ordnung ist
- Die Stärken des Kindes betonen und loben
- Bemühungen des Kindes belohnen
- Beständig fordern, aber nicht überfordern
- Frühzeitig zusammen mit den Eltern/der Schulbegleitung einen Krisenplan entwickeln
- Stressauslöser wie Reizüberflutung vermeiden
- Auf für ein Kind bekannte Stressoren achten
- Das Kind wenn nötig aus der Situation holen und ihm Ruhe gewähren
- Im Notfall die Eltern verständigen

Zu Kapitel 9: Das Prinzip des Vertrauensvorschusses

> Ziel: Mit einer guten Portion Vertrauensvorschuss das autistische Kind ermutigen und motivieren

- Beständig ermutigen »Du kannst das!«
- Vertrauen in die Fähigkeiten und Potenziale des Kindes stecken

Checkliste: So wird der Unterricht für autistische (und nicht-autistische) Kinder zum Erfolg

✓ Auf das einzelne Kind und seine speziellen Bedürfnisse eingehen!

✓ Individuelle Stärken und Schwächen beachten!

✓ Für viele Aufgaben mehr Zeit einplanen!

✓ Engen Kontakt mit den Eltern pflegen!

✓ Nicht alles durchgehen lassen und Grenzen setzen!

✓ Spezielle Fähigkeiten fördern und für Unterricht und Klassengemeinschaft nutzen!